Jan Philipp Zymny

ES WAR ZWEIMAL …

Eine schriftliche Meditation über den Sinn und
die Geheimnisse des Lebens

Prosa bei Lektora

Bd. 49

Jan Philipp Zymny

ES WAR ZWEIMAL ...

Eine schriftliche Meditation über den Sinn und
die Geheimnisse des Lebens

Lektora

Lektora, Paderborn

ERSTE AUFLAGE 2015

Alle Rechte vorbehalten
Copyright 2015 by

LEKTORA GMBH
Karlstraße 56
33098 Paderborn
Tel.: 05251 6886809
Fax: 05251 6886815
www.lektora-verlag.de

Druck: MCP, Marki
Cover: Artur Fast
Lektorat: Lektora GmbH
Satz: Lektora GmbH

Printed in Poland

ISBN: 978-3-95461-052-5

INHALT

VORWORT **10**

MENSCHEN REDEN ÜBER KISTEN
Deutsche Sprache, schwierige Sprache 20
Warum ist der Drops gelutscht? 26
Das Geheimnis der güldenen Winkekatze –
Ein uraltes Märchen aus dem antiken China 30

BEZIEHUNGSKISTEN
Tiere – und wie man sie zubereitet: Eine
Bauanleitung für Nahrung aus Lebewesen 37
Dialektik im Primatengehege 42
Rennen und Brüllen 52
Erster Monolog der Lady Cuddlefish aus der
Daily Soap: „Explodierende Herzen" 60
Seid gewarnt! 65
Ich bin müde 72

IN DER KISTE
Beschimpfung an den Vollmond 80
Ritter Flüsch ersticht die Sonne 87
Physik ist schön. Niemand braucht Physik. 98

AUSSERHALB DER KISTE
Konklave 3000 122
Der Pfad zur Erleuchtung 128

UND JETZT?
Ein Nachwort 133
Das Wunder der Geburt 136

„I reject your reality and substitue my own."
– Adam Savage

VORWORT

Das Vorwort

„Es war zweimal ..." Viele Leute denken, wenn sie das lesen, sofort: „Aha! Das ist ja noch früher als ‚Es war einmal ...', denn die Anfänge von Geschichten funktionieren ja wie ein Countdown."

„Es war dreimal ..." spielt in der Steinzeit, dann kommt die Antike mit „Es war zweimal ...", gefolgt von „Es war einmal ..." für das Mittelalter – man spricht in diesem Zusammenhang auch vom Märchenzeitalter – und heute sagen wir „Es ist nullmal ...", doch da irgendwas mal null immer null ergibt, kann man das kürzen, weshalb wir nur „Es ist ..." sagen. Das nennt man erste historische Kürzung. Völlig klar.

Viele Leute denken da ziemlich falsch. Allerdings muss ich gestehen, dass auch ich selbst dies oft so behauptet habe auf Bühnen und in den Literaturwissenschaftsvorlesungen, die ich an einer Universität in meiner Fantasie halte.

Hallo,
mein Name ist Jan Philipp Zymny, und Sie lesen das Vorwort. Doch es gibt noch mehr Offensichtliches zu berichten, denn die obenstehende Hypothese stimmt natürlich vorne und hinten nicht.

Bekanntermaßen ist die Steinzeit prähistorisch, sprich: vorgeschichtlich. Da gab es also noch gar keine Geschichten. Folglich ist auch nicht eine einzige aus jener Epoche überliefert.

An dieser Stelle höre ich bereits die ersten Klugscheißer aus der Ferne rufen: „Aber was ist mit Höhlenmalereien?!" Und ich rufe zurück: „Schweigt still, Klugscheißer! Höhlenmalereien sind keine Geschichten!"

Hier ist ein Bild von uns, wie wir Speere auf ein Mammut werfen.

Das ist keine Geschichte! Das ist Facebook. (Allgemein sind Parallelen zwischen Facebook und bemalten Höhlenwänden aus der Steinzeit überwältigend! Doch darum soll es an dieser Stelle nicht gehen.)

Wir haben Hunger. Wir werfen Speere auf ein Mammut. Das Mammut ist tot. Wir bringen das Mammut in unsere Höhle. Wir essen das Mammut. Das Mammut schmeckt lecker.

Das ist eine Geschichte. Keine besonders gute zugegeben, aber sie hat eine nachvollziehbare Handlung: Problem, Aktion, Lösung – die allereinfachste Form der Erzählung.

Nicht mal das haben die hingekriegt. Dumme Höhlenmenschblödköpfe, ey! Könnt ich mich aufregen! Mach ich jetzt auch, denn das ist ja ein Bestcase-Szenario. Im Regelfall wird es eher so abgelaufen sein:

Wir haben Hunger. Wir werfen Speere auf ein Mammut. Das Mammut ist wütend. Wir sind tot. Das Mammut bringt uns in seine Höhle. Wir schmecken lecker.

Aber dann ist halt niemand mehr da, der das Geschehene auf CaveWall posten kann. Genau wie heute in Onlineprofilen oder über dem Kamin wurden auch damals nur die erfolgreichsten Augenblicke verewigt. Natürlich! Es gibt keine Höhlenmalereien, die so aussehen ...

Wir haben Hunger. Wir werfen Speere auf ein Mammut. Leider haben wir nicht getroffen. Das Mammut ist trotzdem wütend. Wir laufen davon. Wieder daheim essen wir Beeren, die eine alte Frau vor der Höhle im Gebüsch gefunden hat. Ist aber auch lecker.

... und genauso gibt es dieser Tage keine Arztpraxis mit gerahmten Kunstfehlerklagen an der Wand.
 Verdammt, jetzt hab ich mich dermaßen über Höhlenmenschen ereifert, dass ich den Faden verloren habe. Wo war ich? Ach ja! Es war dreimal ... In der Steinzeit fällt also das „Es war dreimal ..." weg und folglich müssten die Antikos mit „Es

war zweimal ..." angefangen haben, damit die Märchen im Mittelalter bei „Es war einmal ..." rauskommen. Das funktioniert jedoch nicht, denn kein vernünftiger Countdown beginnt mit 2. Traditionell beginnt ein Countdown mit 3, 5 oder 10.

Hinzu kommt: Was sollen denn die Menschen in der Zukunft sagen? Es war minuseinmal? Das sieht doch nicht aus! Was sollen die Nachbarn sagen? Die Nachbarn der Zukunft! In den anderen Dimensionen. Die werden dann dastehen mit Bügeleisen anstatt Händen, ihren Augen aus Diamanten und uns auslachen für unsere seltsamen Erzählanfänge!

Das ist alles ziemlich großer Blödsinn, doch in diesem Buch geht es nicht um Blödsinn. Es geht um Unsinn. Da besteht ein wichtiger Unterschied!

Wir sehen: „Es war zweimal ..." kann nicht irgendeinem erzählhistorischen Countdown entstammen, sondern ist einfach nur ziemlich genau Eins mehr als „Es war einmal ..." Was aber bedeutet das?

„Es war einmal ..." leitet klassischerweise ein Märchen ein. Ziel des Märchens ist die Moral, eine Antwort auf die Frage, wie man sich in einer bestimmten alltäglichen Situation verhalten muss, um nicht den gleichen Gefahren ausgesetzt zu sein wie die Protagonisten. Es gibt da einige anschauliche Beispiele:

a) Rotkäppchen: Geh nicht alleine in den Wald und wenn deine Großmutter wie ein Wolf aussieht, ist sie vermutlich auch einer. Da besteht kein Bedarf, dumme Fragen zu stellen.

b) Schneewittchen: Wenn du hübsch bist, kann es sein, dass du in einer WG mit sieben Typen endest, trotzdem ist es keine gute Idee, Obst von Fremden anzunehmen.

c) Aschenputtel: Wenn dein Gesicht so wenig markant ist, dass dein Tanzpartner es sich nicht merken kann, tust du gut daran, die einzige Person im Königreich mit deiner Schuhgröße zu sein.

d) Rapunzel: Schneid dir die Haare, sonst benutzen sie andere als Ausrüstung zum Bergsteigen.

Die Liste ließe sich endlos fortführen, doch ich denke, das Prinzip ist klar.
    Was macht nun Geschichten, die mit „Es war zweimal ..." anfangen, um Eins mehr als Märchen?
    Alle Geschichten, Gedichte und sonstigen Erzählformen in diesem Buch finden mindestens zwei Antworten für die großen Fragen der

Menschheit in bestimmteren überalltäglichen Situationen. Es werden also anhand sehr spezieller, surrealer Ereignisse die größten Rätsel behandelt, um dann am Ende mit einer Vielzahl an Lösungen dazustehen.

Moment, werden Sie jetzt vielleicht denken, wie kann es für eine Frage mehrere Antworten geben? Das ist der Punkt, wo der Unsinn ins Spiel kommt, denn es gibt zwei Möglichkeiten, die Antwort auf eine Frage zu finden. Lassen Sie mich dies durch ein Gleichnis verdeutlichen – Jesusstyle.

Angenommen, die Frage ist die Suche nach der Nadel im Heuhaufen, dabei ist die Nadel die Antwort und das Heu repräsentiert als Nichtnadelmenge all die „falschen/unsinnigen" Antworten. Wie kommt man an die Nadel?

Entweder: Sie suchen die Nadel direkt, was sehr schwierig, langwierig und frustrierend ist, da Sie ja nach einer Nadel suchen, doch überall nur Heu finden. So machen es Denker seit tausenden von Jahren. Warum sollten wir das also noch mal machen?

Oder: Sie sortieren aus dem Heunadelgemisch alles heraus, was Heu (sprich Nichtnadel) ist, und legen es beiseite. Das dauert genauso seine Zeit, doch was am Ende auf dem Boden liegt, ist definitiv die Nadel. Auf diese Weise ist man auch nicht so schnell frustriert, schließlich erwartet man Heu und findet reichlich davon.

Oh, wie ich die Klugscheißer wieder rufen höre von ihren billigen Plätzen. Warum sollte man dann dieses Buch überhaupt lesen? Das ist ja alles eh nur Heu!

Schweigt erneut und schweigt noch mehr, ihr Defäkatoren der Intelligenz!

Sie können natürlich diejenigen lesen, die Ihnen Heu als Nadel verkaufen (mit bestem Wissen und Gewissen zugegeben), und dann nach ein paar Jahren verkünden, man wüsste es nun besser, um Ihnen ein anderes Stück Heu vor die Nase zu halten, das ein bisschen mehr wie eine Nadel aussieht als das erste. Sie können aber auch mir Ihre Aufmerksamkeit schenken. Ich habe nur Heu. Ich sage Ihnen ausdrücklich, dass es Heu ist, doch erwarte ich nicht, dass Sie es als Nadel akzeptieren.

Ich lade Sie nur ein, gemeinsam mit mir über das Heu als solches zu lachen. Doch wer weiß? Vielleicht schauen Sie am Ende auf den Boden und entdecken dort eine Nadel. Das liegt bei Ihnen. Bücken müssen Sie sich schon alleine, immerhin sortiere ich für Sie den Haufen!

Jetzt musste ich gerade beim Schreiben ein bisschen schmunzeln. Ich habe mich wohl ziemlich in dieser Nadel-im-Heuhaufen-Metapher verloren. Der Punkt ist aber der:

In einem Universum, das keinen Sinn ergibt, ist die Lüge genauso wertvoll wie die Wahrheit.

Wobei die Lüge oder auch der Unsinn ihre ganz eigene Schönheit besitzen. Eine Schönheit, die uns manchmal verwirrt, manchmal abaliniert, ja manchmal sogar verletzt. Doch die, wenn man es richtig macht, oft auch zum Lachen bringt.

Dieses Buch ist folglich mein dritter Schritt auf dem Weg, all die Sachen zu schreiben und zu sagen, die wahrhaftig keinen Sinn ergeben, und mich dieser seltsamen Schönheit zu widmen. Ich hoffe, dass Sie, werte(r) LeserIn, genauso Spaß daran finden werden und nicht nur die Ästhetik des Unsinns, sondern auch die Ästhetik meiner Komposition erkennen können.

Mögen Ihre Pommes stets recht gesalzen sein!

Jan Philipp Zymny

MENSCHEN REDEN ÜBER KISTEN

Wir sind Menschen.
 Lassen Sie uns hier beginnen auf unserer gemeinsamen Jagd nach den großen – den überalltäglichen – Fragen des Lebens. Dieser scheinbar einfache Satz impliziert grundlegend drei Umstände.

Erstens: Wir – das sind Sie, werte Leserschaft, und ich. Schauen Sie auf sich. Schauen Sie auf mich. Und schauen Sie wieder auf sich selbst. Was fällt auf? Wir sind mindestens zwei unterschiedliche Bewusstseins … Bewusstseine? Bewusstseinii? Wie möchten Sie den Plural bilden? Hier geht es ja auch schon los! Die Sprache pfuscht in unseren herrlich absurden Gedanken herum, doch dazu in wenigen Augenblicken mehr.
 Wir sind also mehr als ein Bewusstsein – mindestens zwei an der Zahl. Wenn dem nicht so wäre, müsste ich dieses Buch nicht schreiben und Sie es schon gar nicht lesen, dann wüssten Sie das nämlich schon alles. Sofort. Sie lachen. Ich lache. Fertig. Da das so nicht geschehen ist, schrieb ich und Sie lesen. Zack! Beweis erbracht.

Zweitens: sind – oder anders: Wir existieren. An diesem Punkt wird es bereits etwas kniffliger. Stellen wir das erst mal hinten an … Na, stellen wir es lieber in die zweite Hälfte des Buches („In der Kiste" & „Außerhalb der Kiste"), denn wir haben ja noch die Sache mit der Sprache offen und viel zu tun.

Drittens: Menschen – das Menschensein bedeutet für mich hauptsächlich zu denken (besonders in Form von Sprache) und mit anderen Angehörigen unserer Spezies zu interagieren. Denken ist sehr kompliziert. Machen Sie es wie ich, erlernen Sie die uralte Kunst zu reden, bevor Sie denken. Wenn Sie das gemeistert haben, können Sie nicht nur während Sie reden an ganz andere Sachen denken, sondern vielleicht sogar equulent werden. Equulenz setzt sich aus Equus (lat.: Pferd) und Eloquenz (Redegewandtheit) zusammen und beschreibt damit die Macht, den Leuten kunstvoll einen vom Pferd zu erzählen. (Finden Sie es nicht auch wundervoll ironisch, dass man sehr eloquent sein muss, um das Wort Eloquenz zu kennen? Doch das nur recht nebenbei.)

Darum soll es im ersten Überkapitel („Menschen reden über Kisten") gehen. Die Interaktion und das Verhältnis unter Menschen kriegen wir dann im nächsten („Beziehungskisten"). Immer schön der Reihe nach, sonst verirren wir uns noch auf dem Pfad zur Erleuchtung.

Wenden wir uns als erstes der Sprache zu, speziell der deutschen, da dieses Buch sich ihrer bedient und wir uns erst klar machen müssen, wie unser Unsinn hier kommuniziert wird, damit wir ihn näher untersuchen können. Ich persönlich bin jedenfalls ein großer Freund der deutschen Sprache. Warum, erklärt mein erstes Essay.

Deutsche Sprache, schwierige Sprache

Die deutsche Sprache ist ein wundervolles, kleines Ding. Sie hat weniger Worte, als sie braucht, weshalb sie es dem Nutzer sehr leicht macht, die unterschiedlichsten Worte zu einem neuen zusammenzuschweißen. Das nennt man dann Kompositum und funktioniert so: Tisch und Bein wird zu Tischbein, Eier und Uhr werden zu Eieruhr, Apfelmus und Doktorarbeit werden zu Apfelmusdoktorarbeit – ein Doktor in Apfelmusologie!

Gleichzeitig hat die deutsche Sprache auch mehr Worte, als sie braucht. Andere Sprachen haben viel weniger Worte. Das Englische for example hat nur etwa 200 Worte und die Hälfte davon kann durch „get" oder „make" ersetzt werden. Die andere Hälfte sind Worte für Rap-Musik oder betreffen das Internet. (Dadurch, dass Englisch keine Umlaute hat, können viele überflüssige Worte gar nicht erst gebildet werden.)

Hier zeichnet sich sofort einer der Grundaspekte der deutschen Sprache ab. Sie ist hochgradig ambivalent in der Form, dass sie faul und kompliziert zugleich ist.

Ihre Komplexität zeigt sich nicht nur in den vielen unterschiedlichen Fällen und Artikeln und Ausnahmen von den Regeln, sondern auch in so scheinbar einfachen Sätzen wie: „Was geschehen ist, ist geschehen." Man kann diesen Satz auf drei unterschiedliche Arten schreiben:

Was geschehen ist, ist geschehen.
Was Geschehen ist, ist Geschehen.
Was Geschehen ist, ist geschehen./Was geschehen ist, ist Geschehen.

Alle drei Sätze bedeuten, wenn man es sehr genau nimmt und sie mit der Lupe betrachtet, etwas jeweils anderes, auch wenn sie oberflächlich bloß die Erkenntnis A = A postulieren. „Iii, wie trivial!", mag man nun vielleicht denken, um dabei die Nase zu rümpfen. Ich möchte Sie jedoch daran erinnern, wie wichtig A = A ist! Stellen Sie sich vor, Dinge wären nicht zu sich selbst identisch. Völlig banale Angelegenheiten wie Frühstücken wären unerträglich.

„Hildegard, würdest du mir die Butter reichen?"
„Du meinst den Elefanten, Helmut?"
„Natürlich meine ich den Blasebalg, du alte Eselin!"

Nicht nur wurde in diesem Szenario die Butter plötzlich zu einem Elefanten und kurz darauf zu einem Blasebalg, auch die gute Hildegard verwandelte sich im Laufe der Konversation in eine alte Eselin!

Alles wäre in so einer Welt ein fluktuierendes Durcheinander aus allem möglichen Zeug! Nichts wäre kontinuierlich sich selbst. Ein wabernder Nebel aus stetiger Veränderung. (Da! Schauen Sie, was die Sprache gemacht hat. Das klang doch gerade sehr hübsch.)

Um hingegen die faule Seite des Deutschen zu beleuchten, reicht es, das Wort, das ich am meisten verabscheue, nur auszusprechen: Schwanz.

In diesem Wort steckt kein bisschen artikulative Mühe. Schw-A-nz. Das suppt einfach aus der Fresse heraus und schimpft sich Begriff! Auch semantisch ist es absolut unattraktiv.

Betrachten wir weiterhin die Worte: Grünzeug, Flugzeug und Spielzeug.

Sofort fällt auf: Es gibt viel Zeug im Deutschen! Recherchen ergaben mindestens 249 Worte in der deutschen Sprache, die auf „Zeug" enden. Weitere Beispiel sind: Werkzeug, Bettzeug, Nähzeug, Fahrzeug, Viehzeug, Zaumzeug, Rüstzeug, Feuerzeug ...

Irgendjemand hat da offensichtlich nicht richtig gearbeitet!

A: „Ufff ... Seit 3 Wochen sitzen wir jetzt hier rum und denken uns Namen für Dinge aus. Gut, dass uns der Trick mit den Anglizismen und den Fremdwörtern eingefallen ist, aber ich werd gleich wahnsinnig!"

B: „Komm schon, nur noch 249 Sachen, dann haben wir es ja geschafft."

A: „Scheiß drauf! Wir nennen das alles einfach Zeug! Fertig!"

B: „Bist du bescheuert? Das sind 249 vollkommen unterschiedliche Dinge! Die können nicht alle Zeug heißen!"

A: „Na gut! Nenn mir die Haupteigenschaft der ersten 3."

B: „Das eine ist grün, das andere fliegt und mit dem dritten spielt man."

A: „Grünzeug, Flugzeug, Spielzeug! Und so weiter! Ende. Wie heißt noch mal mein Lieblingswort?"

B: „Feierabend?"

A: „Richtig."

...

B: „Scheiße ..."

A: „Was?!"

B: „Ich hab hier noch 50 Dinge gefunden."

A: „ARGH! Nenn sie KRAM!"

Doch das Deutsche scheitert nicht nur bei der Benennung von allen Dingen, die auf „Zeug" enden, oder solchen Begriffen wie Vernunft – wie nunftet man etwas? Und wie vernunftet man es? Kann man es je wieder entnunften? Niemand weiß es! Ein völlig inhaltsleerer Begriff also – es ergeben sich ganze Situationen, denen es nicht gewachsen zu sein scheint!

So gibt es beim Sex keine Möglichkeit, das Geschehen romantisch zu kommentieren. Genau genommen hat man eigentlich nur drei mögliche Arten und Weisen, überhaupt etwas von sich zu geben.

Erstens die pubertierende Porno-Ausdrucksweise: „Boah, geile Titten. Ich ficke dich!" Das ist nicht schön. Das kann man machen, wenn der Sex genauso ekelig ist wie die Sprache, die man benutzt.

Zweitens, man klingt wie ein Außerirdischer, der krampfhaft versucht, als Mensch durchzugehen: „Ja, ich bin erregt. Ich führe nun meinen Penis in deine Vagina ein." Das ist technisch korrekt, ja. Das kann man auch machen, wenn man Autist oder Biolehrer ist und zu Anfang des Sexualaktes noch als unbeteiligter Passant teilgenommen hat.

Oder drittens, man benutzt derart viele blumige Metaphern und Euphemismen, dass man wie ein romantischer Dichter auf Kokain klingt: „Erbebe, Holde! Spüre, wie sich mein Liebesknüppel in deinen Garten der Lust ergießt!"

Diese Überlegungen sind wohl alle schön und gut, doch vernachlässigen sie die positiven Aspekte unserer Sprache aufs Sträflichste! Das Deutsche kennt viele fantastische Sprichwörter. Sprichwörter, die derart wundervoll sind, dass kaum einer mehr weiß, wie sie entstanden sind! Welches Kind war es denn, das da in den Brunnen fiel? Wurde es unter Umständen gar gestoßen? War Badetag und der Zuber wurde durch das häufige Erzählen dermaßen aufgebauscht, dass er schlussendlich zum Brunnen verkam? Welcher Narr würde sich der titanischen Aufgabe hingeben, eine Kirche aus einem Dorf zu tragen? Ist das nicht eine Sisyphusarbeit? (Ich gebe zu, die Geschichte von Sisyphus ist bekannt. Hans-Werner Sisyphus wurde für seinen Nachnamen in der Schule derartig gehänselt [Welcher Hans hänselte zuerst?], dass er im Unterricht nicht richtig aufpassen konnte, keinen Abschluss machte und daher in seinem Dorf für all die leidigen Aufgaben eingespannt wurde, die sonst niemand verrichten wollte, wie Steine auf Hügel zu rollen. Klare Sache.)

Erneut bahnen sich Fragen um Fragen an. Ich will exemplarisch ein Sprichwort herausgreifen, um die Verwirrung von uns zu nehmen. Achten Sie genau darauf, was jetzt passiert.

Warum ist der Drops gelutscht?

Wir alle kennen das Sprichwort, dass der Drops gelutscht ist, doch den wenigsten ist bekannt, dass dies auf einen bestimmten Mann und ein bestimmtes Datum zurückgeht. Lassen Sie mich erläutern:
Vor dem 36. Julomber Anno 1604 sagte man noch: „Der Drops ist noch nicht gelutscht." An jenem Tage aber kam Fantasibert Knusper, der ein großer Lutscher vieler Dinge war, und lutschte den Drops, welcher in Rom in einem antiken PEZ-Spender aufgebahrt lag. Das kam so, weil Jesus selbst ihn dorthin gestellt hatte, als er zu Besuch in Rom war. Warum aber weilte der Heiland in der ewigen Stadt, wird man sich vielleicht fragen?

Nun – die Kegelkasse war voll und da entschied er mit seinen Kegelkumpels (davon hatte er 12), dass ein Bus zu chartern sei, um einen Ausflug zu unternehmen. Dabei handelte es sich selbstverständlich um einen Unterwasserbus, denn es liegt Wasser zwischen Jesusland und Römerland.

Auf seiner Sightseeingtour gelangte der SV Kegelfreunde Jerusalem alsbald an das Kolosseum. Zu jener Zeit war das Kolosseum bekanntermaßen noch ein Einkaufszentrum, hieß jedoch Kolosseum, da das Wort „Mall" noch nicht erfunden war.

Genau genommen gab es das Wort „Mall" im alten Mesopotamien, doch es bedeutete etwas vollkommen anderes. „Mall" bedeutete: Es ist Sonntagnachmittag. Du hast später noch was vor, aber ansonsten verspricht es ein ruhiger Tag zu werden. Doch plötzlich fliegt die Türe auf, hereingestürmt kommt ein nackter Mann, der dir auf den Teppich scheißt und davonrennt. Also denkst du: „Waaas?!" Doch es hilft nichts, du ziehst dir deine Gummihandschuhe über, nimmst den Überraschungskot und ... packst ihn einfach unter den Teppich, denn du hast ja noch Termine. Alles beruhigt sich wieder, und du denkst: „Hm ja, Gefahr erkannt, Gefahr gebannt." In dem Moment allerdings kommt durch die noch offene Türe Besuch herein und sagt: „Hallo! Wir waren in der Gegend und ... *schnüff, schnüff* ... Was riecht das denn hier so?" Das Gefühl, das der Gastgeber dann hat, hieß damals „Mall".

So schließt sich der erste Kreis, doch der zweite folgt sogleich, denn: Was wollte Jesus im Kolosseum? Damals konnte man dort viele Dinge nicht kaufen, da noch nicht so viel erfunden war. Und so ging der Sohn Gottes hinein und sprach: „Guten Tach! Bitte keinen Gameboy."

„Hier! Kein Gameboy!", erwiderte der Verkäufer. Jesus aber zahlte, wodurch ein Gütergegenzahlungsmitteltauschvakuum entstanden war, das mit Verwirrung gefüllt wurde. Diese Verwirrung manifestierte sich in einer Geste, bei der ein Dings unglücklich zu Boden fiel. Dies war der Drops vom Anfang der Geschichte.

Ein Schrein wurde gebaut und lange Jahre der Drops angebetet, obwohl es nur eine Ungeschicklichkeit des Heilands war. Mit solchen Missverständnissen hatte er viel zu kämpfen. Selbstverständlich, wenn einmal raus ist, dass man der Sohn Gottes ist, wird alles, was man tut, gnadenlos überinterpretiert. Einmal stolperte Jesus unglücklich und schlug mit der Stirn an die Kante eines Wasserkrugs. Das Blut lief hinein, wodurch sich das Nass rot verfärbte, doch alle schrien sogleich: „Wasser zu Wein! Wasser zu Wein! Ein Wunder!" Tja, Jesus war ein ziemlicher Tollpatsch, doch die Leute dachten, so doof könne niemand sein, das muss der Sohn Gottes sein.

Man mag nun logisch daraus folgern, dass dies der Grund ist, warum Napoleon im Zweiten Weltkrieg keine Roboter eingesetzt hat, wie es ja unsere Ausgangsfrage war ... Nein? War es nicht? Nun, in dem Fall ist die Geschichte natürlich noch nicht zu Ende ...

Wir schreiben das Jahr 1604. Rom wird belagert von einer Schar von gerade mal 300 Landsknechten. Ihnen gegenüber eine Million Römer, die bereit sind, ihre Stadt bis auf den letzten Blutstropfen zu verteidigen.

Doch der Hauptmann des Söldnerhaufens kennt keine Furcht und keinen Rückzug. Sein Name ist Fantasibert Knusper. Er weiß, dass bald seine Verstärkung anrückt: 3 Milliarden Pikeniere in Helikoptern und Kampfjets mit schweren Geschützen.

Also stürmt er mutig auf die ewige Stadt zu, um ihren Namen zu testen ... Nach gerade mal 5 Minuten Angriff stehen vielleicht noch 8 seiner Mannen, doch die Verstärkung ist noch nicht eingetroffen. Anscheinend gestaltet sich die Überquerung der Alpen schwieriger, als erwartet. Völlig klar mit den Kriegselefanten!

Irgendwie muss Fantasibert Zeit schinden. Er bittet um eine Audienz beim Bürgermeister von Rom. Dieser lässt ihn sogar vor, in der Annahme, er wolle die Kapitulationsbedingungen aushandeln. Um den scheinbar besiegten Hauptmann Knusper zu demütigen, macht der Bürgermeister mit ihm die volle Palastführung. Schließlich kommen sie auch an den Schrein mit dem antiken PEZ-Spender, der den magischen Drops enthält. Augenblicklich erkennt Fantasibert seine Chance, schnappt sich die Reliquie und lutscht so langsam er kann. Völlig entgeistert kann sein Gegner nur immer wieder rufen: „NEIN! Nicht der Drops des heiligen St. Jesus von Nazareth!"

Einige sagen, dass Fantasibert Knusper drei Tage im Palast des Bürgermeisters von Rom ausgeharrt und den Drops gelutscht hat, bevor die Verstärkung eintraf, um alles niederzumetzeln, andere sagen, dass der Bürgermeister Hauptmann Knusper sofort erstochen hat, damit er den

Drops selbst lutschen konnte. Ich aber sage …
warum nicht beides?
So. Ende.

Sprichwörter sind schon was Tolles, aber es geht
noch besser! Bewundern wir einmal die Sprache
in vollem Einsatz mit Begriffen, Sprichwörtern,
Situationen, dem ganzen Kladderadatsch in diesem kleinen Märchen …

**Das Geheimnis der güldenen Winkekatze –
Ein uraltes Märchen aus dem antiken China:**

Es war einmal ein armer Steinmetz, der da keine
Bleibe hatte. Darum wollte er für sich und seine
Frau ein Haus bauen. Er durchforstete das ganze
Land und fand schließlich einen geeigneten Ort
am Fuße eines wunderschönen Hügels.

Der arme Steinmetz sprach zu seiner Frau:
„Hier ist der rechte Ort. Hier will ich bau'n. Du
aber, Weib, geh in den Wald, besorge Holz für
ein Feuer und koche mir eine Suppe, wie es deine
Aufgabe ist." Denn obwohl der Steinmetz arm
war und die schlimmen Seiten des Lebens kannte, war er leider Sexist.

So ging die Frau aber in den Wald, da sie sich
mit ihrer Rolle abgefunden hatte, und der Mann
schichtete Stein auf Stein, ein Haus zu errichten,
wie es sein Handwerk war, denn er war auch

Maurer. In Zeiten der Finanzkrise hatte er eine Umschulung machen müssen und war daher nun zwei Berufe. Immer höher zog er die Mauern aus behauenem Fels und, als seine Frau des Abends wiederkam, hatte er sie errichtet: die schönste Holzhütte, die das Land je gesehen hatte. „Hä?", sprach da der Steinmetz und: „Hä?", sprach auch seine Frau. Voller Scham strichen sie da das Haus grau an, um den Fehler zu kaschieren.

Oben auf dem Hügel aber lebte ein Mann, der sich im Internet als namibischer Prinz ausgab und so zu großem Reichtum gekommen war. Als er den Neubau bemerkt hatte, stieg er herunter und klopfte an die Türe der Hütte. Wie ihm geöffnet wurde, erkannte der Reiche sofort, dass da ein armer Steinmetz vor ihm stand, denn er hatte leider Vorurteile, nicht, weil er die schlimmen Seiten des Lebens kannte, nein, er war einfach nur ein Arsch. „Mein Hügel gehört mir, ich sage nein!", sprach der Reiche: „Er hat diese Hütte ohne Recht gebaut. RÄUMUNGSKLAGE!" Der Steinmetz jedoch antwortete: „Aber es ist doch genug Platz für uns beide hier. Wir bleiben und WERDEN IN FRIEDEN UND EINTRACHT MIT DIR LEBEN, OB DU WILLST ODER NICHT!"

„So sei es! Doch wisse, er soll es ewiglich bereuen!" Der Reiche knallte die Türe zu und begann mit einem wahnsinnigen Lachen den Aufstieg und als er oben angekommen war, da war er total kaputt, denn auch mit allem Geld der Welt kann man sich keine Kondition kaufen. (So ist das bei chinesischen Märchen – die Moral kommt mittendrin.)

Der Steinmetz aber dachte sich nichts dabei und begann sofort damit, seiner Gemahlin ein Kind zu machen, wie es die Art der Steinmetze ist. Er wusste jedoch nicht, dass der Reiche sie mit einem Fluch belegt hatte. Selbstverständlich genügte es nicht, dass er reich war und sein Haus eine wunderschöne Wohnlage hatte. Nein, er musste ja auch noch ein Zauberer sein. Manche Menschen können den Hals einfach nicht voll kriegen.

Der Fluch allerdings war ein Keine-Kinder-Fluch, wie man ihn kennt aus dem Fernsehen. Und so versuchten der Steinmetz und seine Frau 50 Jahre lang vergeblich ein Kind zu machen, doch sie wussten nicht wie, denn der Fluch hatte es sie vergessen lassen, und anstatt als Mann und Frau bei-, auf- und ineinander zu liegen, schlug die Frau immer nur Topfdeckel zusammen und schrie: „BABY! BABY!" (und erfand auf diese Weise die Pop-Musik), während er so lange Kinder aus Stein baute, bis es ihm zu bunt wurde und er ins Dorf ging.

Er hatte von einem zauberkundigen Chinesen gehört, der dort ein Thailändisches Restaurant mit dem Namen „Tam Pong" betrieb. Bei ihm wollte er Rat holen zum Mitnehmen.

„Ich benötige deinen Zauber, Chinese, denn ich hörte, du seist ein Zauberchinese", sprach der Steinmetz, denn er war auch Rapper. (Aber nur aus Hobby, denn sonst hätte er ja drei Berufe und dann würde die Geschichte ja gar keinen Sinn mehr ergeben.)
„Ich zaubere nicht", erwiderte der Chinese in perfektem Deutsch, denn er war gut integriert.

„Die Winkekatze allerdings, die meinen Laden bewacht, erfüllt Wünsche. Schreibe dein Begehr auf einen Zettel und lege ihn der Winkekatze auf den Kopf. Beginnt sie zu winken, so geht dein Wunsch in Erfüllung. Doch sei gewarnt, dafür verlangt sie einen furchtbaren Preis."
Doch der Steinmetz scherte sich nicht um die Worte des Chinesen, so sehr wünschte er sich ein echtes Kind und nicht die vielen, die er aus Stein gemetzt hatte. Er tat wie ihm geheißen und prompt wonkte die Katze. Den armen Mann erfüllte sogleich ein beflügeltes Gefühl, er rannte nach Hause, und als er seine Gattin im Garten ergatterte, begattete er sie gackernd, dass es nur so knatterte. (Ich erwähnte ja bereits, dass er auch Rapper war.)

Wie durch ein Wunder wurde die Frau endlich schwanger – sehr schwanger – SUPERSCHWANGER – so schwanger, dass die Schwangerschaftsstreifen vom Bauch bis zum Gesicht hinaufwanderten und über den Rücken wieder runter. Daraufhin ward sie ganz umkringelt und im ganzen Dorf bekannt als der Schwangerschaftstiger.

Doch der Tiger und ihr Mann waren glücklich, da sie nun bald endlich ein Kind in Besitz nehmen durften, was dann auch von der Hausratsversicherung abgedeckt würde. Und als der Tag der Geburt kam, da riss die arme Frau entlang ihrer Schwangerschaftsstreifen auf und sank tot zu Boden. (Krass ... also damit hätte ich jetzt nicht gerechnet.) Aus ihren Filetstreifen aber entstieg ein erwachsener Mann, der da Ronny hieß und ein Metzger war.

(Das muss ich vielleicht kurz erklären: Ich erzählte ja bereits, dass der arme Steinmetz und seine Frau 50 Jahre lang versuchten, ein Kind zu zeugen. Wenn Eltern selber schon sehr alt sind, dann können sie keine Kinder mehr kriegen, sondern nur noch Erwachsene. Dann sind sie ganz traurig, denn von Erwachsenen hat man ja gar nichts. Erwachsene steigen aus dem Geburtsapparillo, setzen sich einen Hut auf und sagen: „Guten Tag, Mutter. Danke für die Geburt, ich gehe nun zur Arbeit." Und sind dann für immer fort.)

So war auch der Steinmetz von Gram erfüllt. Er hatte sich von der Winkekatze einen Sohn gewünscht, war betrogen worden und hatte mit dem Leben seiner Frau gezahlt. Das konnte der arme Mann nicht ertragen. Vor lauter Schmerz brannte er seine Wellblechhütte (hehehe, auf einmal ist es 'ne Wellblechhütte), seinen Mannsohn und sich selber nieder.

Als der Chinese davon erfuhr, war er sehr betrübt, dass er den Steinmetz nicht davon abgehalten hatte, sich von der Katze einen Wunsch zu erbitten, wo er doch ihr dunkles Geheimnis kannte. Er verfiel dem Alkohol, wurde depressiv und ließ sich von der Winkekatze zu Tode prügeln. Das aber dauerte 1.000 Jahre, so dass der Chinese starb, bevor er getötet wurde.

Und auch den reichen Mann auf dem Hügel ereilte der Tod. Er fiel unglücklich auf der Kellertreppe, als er gerade Gurken raufholen wollte, was gar nichts mit der Geschichte zu tun hat, aber erwähnt werden muss, denn:

So blieb von ihnen allen nichts zurück. Nichts außer den Kindern aus Stein, die der arme Mann gefertigt hatte, und die darum seinen Namen tragen sollten: Terrakotta.

Kaum ist die Sprache in Aktion, tauchen auch schon die ganzen Themen auf, die uns in diesem Buch interessieren. Geburt, Leben, Tod, das Universum, Magie. Was soll das alles? Usw.

Bevor nämlich ein Mensch vorhanden ist, der sich alle jene Fragen stellen kann, müssen erst einmal zwei Menschen vor ihm vorhanden sein, die ihn machen. Das ist wie mit der Frage, was zuerst da war. Das Huhn oder das Ei?

Dieser Vergleich hinkt allerdings gewaltig, da die berühmte Huhn-Ei-Frage vor kurzem ein für alle Mal geklärt wurde. Irgendeinem Schlaukopf war aufgefallen, dass Dinosaurier auch schon Eier gelegt haben. Damit war das ganze philosophische Problem natürlich hinfällig.

Bevor wir uns aber im zweiten Überkapitel darum kümmern, wie zwei Menschen überhaupt zueinander finden, um einen neuen zu produzieren, lernen wir noch schnell aus dieser letzten Erzählung, dass die Sprache an sich uns keine Lösungen zu unseren quälenden Problemen liefert.

Sprache kann so viel mehr, als in der Realität möglich ist. Sie ist zu direkt mit unserer Fantasie verbunden, um nur eine Wahrheit zuzulassen.

BEZIEHUNGSKISTEN

Bevor wir aber tatsächlich zum Thema Liebe und dem ganzen Krempel kommen, möchte ich vorher ein paar andere Beziehungen besprechen. Zu Tieren zum Beispiel. Die sind nämlich auch noch da und mehr als wir. Vielleicht haben die ein paar Antworten für uns. Deswegen trägt das nächste Essay den Titel ...

**Tiere – und wie man sie zubereitet
Eine Bauanleitung für Nahrung aus Lebewesen**

Vor geraumer Zeit war ich im schönen Hamburg mit einem Mann in einem Restaurant. Also, dieser Mann war natürlich auch ein Freund, denn ich geh ja nicht einfach mit irgendwelchen fremden Männern in Restaurants. Da passieren schlimme Dinge.

Jedenfalls verwendete dieser Mannfreund sehr viel Zeit und Energie darauf, mir zu erzählen, dass er Vegetarier sei. Aufmerksam lauschte ich seinen ausschweifenden Erklärungen darüber, wie gut es ihm gehe und wie viel besser seine Welt nun sei. Ich freute mich für ihn. Unterbrochen wurde er erst durch den Kellner, der, um die Bestellung aufzunehmen, an unseren Tisch trat:

„Was darf ich Ihnen bringen?"
„Du zuerst, Jan Philipp. Ich brauch noch."
„Na gut. Ich hätte gerne die Lasagne, bitte."

„Einmal die Lasagne. Sehr gerne. Und für Sie?"
„Ja. Ich nehme die Spaghetti mit Scampi."
„Spaghetti mit Scampi? Ist das nicht gegen deine Religion?"
„Ähhh ... Ach, wie heißt das denn noch mal ... Ach, wie heißt das denn noch mal, wenn man Vegetarier ist, aber manchmal Meeresfrüchte isst?"
„Heuchler?"
„Ich komm später wieder."

Es gibt viele Leute, die mögen Tiere nicht essen. Was eine moralisch sehr richtige, sehr wichtige und sehr wertvolle Haltung ist. Eine Haltung, die ich nicht teilen kann. Ich möchte an dieser Stelle erklären, warum.

Die Tiere, die von uns gegessen werden, sind ja keine Tiere, die frei und glücklich durch den Wald hüpfen, getreu dem Motto: „Seht mich an! Ich bin ein freilebender Döner und ich gefalle mir in meinem Dönersein. Hoffentlich kommt niemand und isst mich auf."

Nein, die Tiere, die wir essen, werden ja allein zu dem Zweck gezüchtet, damit wir sie essen. Und wer bin ich, dem Schwein den Sinn seines Lebens zu verweigern? ...

Für diese Äußerung habe ich einmal viel Ärger bekommen. Ich war in Halle in Westfalen in einem Hotel, da man mich gebeten hatte, eine Lesung dort abzuhalten, doch als ich dies ausgesprochen hatte, stand eine Tante auf und ging. Ein paar Tage später erreichte mich eine E-Mail von ihr, in der sie sich darüber empörte, dass sie zwar verstünde, dass es ironisch gemeint sei …

Als ich das las, war ich sehr glücklich, dass man dies erkennt. Immerhin behaupte ich ja, der Sinn des Lebens sei der Tod, was doch ein deutliches Zeichen für den Ironiegehalt sein sollte. Weiterhin ist die obenstehende Behauptung ganz klar analog dem naturalistischen Fehlschluss aufgebaut, der besagt, dass man nicht vom Ist-Zustand auf den Seinsollen-Zustand schließen kann. Das funktioniert, wenn man sich fragt, warum Löffel kein Loch in der Mitte haben, aber nicht bei der Frage, wie man mit Tieren umgeht. Na ja.

… Sie verstünde zwar, dass es ironisch gemeint sei, doch ich solle doch mal in ein Schlachthaus der Firma Tönnies gehen. Da würde sich meine Meinung ganz schnell ändern!

Als ich dies wiederum las, war ich sehr verwirrt. Sie hatte verstanden, dass ich mich der Ironie bediene, oder anders ausgedrückt: Ich meine nicht das, was ich sage. Doch dann gehe ich in dieses Schlachthaus, wodurch sich meine Meinung ändert, das heißt, ich meine das, was ich sage, und denke vermutlich: „Oh, da ist der Bolzen aber sehr human in den Schweinenacken gekracht. Ja, das ist richtig so. Mach mal noch 1.000."

Die Argumentation der Tante war also fehlerbehaftet ... und das schrieb ich ihr dann auch. Was der erste Fehler war, den ich gemacht habe. Ihre Erwiderung darauf fiel verhältnismäßig wortreich aus, die Kernaussage jedoch lautete, das möge wohl alles so sein und sie freue sich darüber, dass ich mir scheinbar Gedanken dazu gemacht hätte, doch bei ihr käme es so an, als würde ich sagen: „Esst ruhig weiter Fleisch." Ich solle doch lieber den Umstand, dass ich auf der Bühne stehe und viele junge Menschen erreiche, nutzen, um zu vermitteln, dass Tiere zu essen nicht gut ist.

Der Punkt war erreicht, an welchem ich, begleitet von einem lauten Ach-du-jemine, die Hände nördlich der Ohren zusammenschlug und davon absah, weitere E-Mails zu verfassen. Obwohl sie in ihrer zweiten Nachricht eindeutig zugegeben hat, dass sie mich falsch verstanden hatte, verlangte sie trotzdem von mir, dass ich meine Aussage ändern solle. Was soll das denn bitte? Ich setze mich doch auch nicht in den Mathematikunterricht und sage: „Herr Lehrer, Herr Lehrer, ich habe den Satz des Pythagoras nicht verstanden. Wir müssen den ändern."

Das Albernste an dieser Anekdote, die übrigens tatsächlich so passiert ist, ist wohl der Umstand, dass die Tante und ich ja grundlegend der gleichen Meinung sind. Die seltsamsten Konflikte führen immer die, die auf der selben Seite stehen.

Man mag nun dagegen halten, dass sie vermutlich nicht meine tatsächliche Kernaussage kritisierte, sondern viel eher die Art der Umsetzung. Gegen dieses Dagegenhalten möchte ich dagegenhalten, dass ich erstens frei bin in der Art meiner Umsetzung, zweitens genügend deutliche Hinweise eingebaut habe, um die Ironie zu erkennen, und drittens es als Schriftsteller und Bühnenkünstler nicht meine Aufgabe ist, die Leute zu belehren. Viel eher ist es doch die Freiheit des Narren, alles Erlernte in Frage zu stellen, damit die Leute aus ihren gewohnten Denkmustern ausbrechen können. Ich bin doch nicht das Erwartungsäffchen der Tante. Ich mache doch keinen Salto auf ihr Kommando. Ich bewerfe sie mit meinem Kot und lache, wenn sie applaudiert! Oder nicht? Finden Sie nicht auch? Sagen Sie doch mal was dazu! Wäre das nicht langweilig, wenn ich immer das täte, was das Publikum erwartet? Darum kommt jetzt eine Geschichte über Hodenkrebs. So! Hodenkrebs ist nämlich voooll supi! (Das war übrigens Ironie. Erkennt man an den zwei überflüssigen Os und dem Wort „supi".)

Dialektik im Primatengehege

„Warum existieren wir?", schrie Jessica Apeshave, als sie den Rasierapparat ein letztes Mal über den Gorilla gleiten ließ. Dieser – mittlerweile völlig kahl – blieb völlig stumm, aber zog einen Flunsch.

„Entschuldigung, was machen Sie da?" Ein aufgebrachter Tierpfleger kam durch eine Türe, welche in den künstlichen Fels des Primatengeheges eingelassen war, und auf Jessica zugestürmt.

„Dieser Affe da!" Ihr ausgestreckter Zeigefinger wies anklagend auf den Ganzkörperglatzengorilla. „Dieser Affe da erinnert mich, so kahl und faltig, wie er ist, doch sehr an meinen Großvater."

„Das ist ...", hob der Tierpfleger an, entzündete eine Pfeife und fuhr fort: „ ... technisch korrekt, aber ..."

„Ich lasse Sie ausreden!", unterbrach ihn die Affenrasiererin. Verdutzt blickte er zurück.

„Im Prinzip war ich fertig. Ich hatte den Hauptsatz angefangen, ohne mir Gedanken über den adversativen Nebensatz zu machen in der Hoffnung, dass Sie mich unterbrechen, wie es in einem solchen Dialog häufig der Fall ist."

Jessica nickte eifrig: „Daher mein Einwurf gerade!"

Auch der zoologische Betreuer nickte nun. Er schnippte seine Pfeife auf den Boden, trat sie aus und steckte sich eine neue ins Ohr.

„Sie scheinen mir eine verständige, junge Frau zu sein, darum werde ich ihnen folgende Frage stellen: Warum haben Sie M'bembe rasiert?"

„Ach, der Gorilla heißt M'bembe?"

„Ja."

„Seltsam."

„Inwiefern?"

„Na, zu mir hat er gesagt, er heiße Manfred."

„Manfred?"

„Ja."

„Seltsam."

„Inwiefern?"

„Ähhh ... na, wenn er sich als Manfred fühlt, will ich dem nicht im Wege stehen."

Der Tierpfleger zuckte mit den Achseln, was die Pfeife in seinem Horchlappen gefährlich wackeln ließ. Jessica sah ihn verliebt an: „Find ich toll, dass Sie den Affen so viel Selbstbestimmtheit zugestehen, wo die doch eingesperrt sind."

„Naja ... ich glaube, Sie bewerten das über. Eigentlich war meine Überlegung eher die, dass die Zoodiktatur ihn einfach M'bembe getauft hat, ohne das mit dem Affen abzusprechen. Da Sie nun aber mit ihm gesprochen haben, fällt da die Akzeptanz nicht schwer."

War eben noch ein erotisches Knistern zwischen Jessica und Tierpfleger gewesen, so war es nun verschwunden. Nüchtern fragte sie: „Und das nehmen Sie einfach hin, dass ich mit ihm gesprochen habe?"

„Wie schon gesagt", erklärte der Tierpfleger: „Sie scheinen mir ein fraulicher Verständigungsjunge zu sein, weshalb ich Sie frug, warum sie den Manfred rasiert haben." Gorilla Manfred räusperte sich, doch sofort heulte der Rasierapparat in der Faust der faunischen Friseurin bedrohlich auf.

„Wenn ich verrückt wäre, hätten Sie mich das nicht gefragt?"

„Nein", entgegnete der Tierpfleger: „Dann könnte ich doch keine vernünftige Antwort von Ihnen erwarten. Warum also fragen?"

„Das ist sehr weise von Ihnen", raunte Jessica und Freundschaft loderte in ihrem Bauch auf. Sie wollte mit dem Tierpfleger tanzen, doch Tanzen ist auch nur rhythmisches Schwimmen an Land und Jessica konnte nicht schwimmen, also unterließ sie es zu tanzen. Sie konnte nur rasieren.

„Also, gnädige Frau ... ich frage Sie zum letzten Mal: Warum haben Sie das Äffchen enthaart?" Des Tierpflegers Stirn legte sich in eine Sinus-Kurve und seine Augen schielten wild in drei Richtungen, als ihm bewusst wurde, dass seine Frage auch aus einem Porno für Haarfetischisten stammen könnte.

Jessica sah ihn vieldeutig an: „Ist Ihnen bewusst, dass Ihre Frage auch aus einem Porno ..."

„Ich unterbreche Sie!", warf T. Pfleger lautstark ein, wobei er wild mit den Armen fuchtelte. Das war zu viel für die Pfeife. Sie fiel herab, doch anstatt am Grund zu zerbrechen, verwandelte sie sich vor dem Aufprall in eine Meise und flog davon. Sie wollte leben. Die Meife wollte leben. Nicht fterben. Leben. Und da muff man fich manchmal verwandeln, um nicht am Grund zu zerbrechen.

„Jetzt lenken Sie doch nicht immer ab, gutes Kind, und beantworten Sie meine Frage! Ich bin schon ganz Matsche inne Birne!"

Als Erwiderung blieb Jessica nur, so zu tun, als wenn Sie eine Standuhr wäre. Empört riss sie die Arme in die Höhe und schlug 13 ... Mal auf Tier Pfleger ein. Unterdessen sprach sie: „Mein Opa sieht aus wie ein Gorilla! Wie soll ich denn da jetzt noch den Unterschied zwischen Mensch und Tier erkennen?!"

Sie ließ von dem zerbeulten Mann ab, dieser erhob sich und erwiderte: „Sie sind wohl doch verrückt. Menschen haben Personalausweise." Traurig ließ er die Schultern sinken. Kurz hatte er gehofft, mit jener Frau eine Liebschaft eingehen zu können. Leider machte ihm die psychische Verschrobenheit der potentiellen Welchen einen Strich durch den Knubbel in seiner Hose.

„Entschuldigung. Wenn ich mich da mal kurz sinnstiftend einmischen darf?", sagte Manfred und wankte auf die beiden zu: „Ich bin ein Gorilla. Ich kann definitiv nicht sprechen. Beschafft euch doch mal ein grundlegendes Verständnis der Realität, ihr Vollhorst!"

Ein anderer Gorilla im Gehege ließ von der Banane ab, die er gerade essen wollte, und rief: „Was los, Manfred?"

Manfred zeigte seinem Artgenossen den Stinkefinger: „Halt die Schnauze, Horst, und iss deine Banane! ... So und jetzt zu euch beiden: Fickt doch einfach. Wo ist denn das Problem? Bei uns Affen ist das leichter. Menschen, ey. Komplizierte Arschlöcher."

Jessica und Tier Pfleger sahen sich an und antworteten mit einer Stimme: „Das ist uns zu unromantisch so."

Manfred schlug nur die rasierten Hände über dem Kopf zusammen: „Und was ist, wenn ihr euch erst mühsam kennenlernt und verliebt und dann merkt, sexuell geht gar nichts?"

Wieder antworteten die beiden Menschen unisono: „Von einem Affen werden wir uns keine Ratschläge über Beziehung und Sexualität geben lassen!"

Und da weinte der Manfred über die Arroganz der Menschen, die immer denken, sie wären was Besseres, dabei sind es doch die Tiere, die keine Kriege kennen, keine Armut und keine „Mein iPhone ist fast leer, aber ich hab mein Ladekabel vergessen." Warum können wir nicht so frei wie die Tiere sein?

Als Jessica und Tier Pfleger das auch klar wurde, da warfen sie all ihre Kleidung ab, bedeckten sich mit dem abrasierten Fell und setzten sich zwischen die anderen alten Menschen ins Gorillagehege, wo sie fröhlich kopulierten, ohne sich weitere Gedanken über Jessicas Ausgangsfrage zu machen. Manfred jedoch zog in die Welt hinaus und betreibt seit Jahren unter dem Namen Dr. Manfred Wietzonski unerkannt eine Praxis für Paartherapie in Wuppertal.

In der Geschichte ging es gar nicht um Hodenkrebs. Es ging stattdessen um einen rasierten Gorilla, eine Beziehung und um Dialektik. Ich habe meinen Punkt bewiesen!

Sie erinnern sich aber vielleicht noch an die Tante aus Westfalen, von der ich vorhin berichtet habe. Der zweite Fehler, den ich in diesem Zusammenhang gemacht habe, war, jene Geschichte zu schreiben, die gerade eben passiert ist. Sie merken schon, ich liebe diese Person nicht, daher schnell zurück zu den Tieren.

Zu diesen haben wir, wie es scheint, eine sehr andere Beziehung als zu unseren Mitmenschen. Potentiell besteht für jedes nichtmenschliche Lebewesen die Gefahr, dass wir es verspeisen. Gut, bei manchen Tiersorten machen wir in unserem Kulturkreis eine Ausnahme, weil wir sie für nicht hübsch genug erachten, andere sind uns zu hübsch und wieder andere stehen auf der Kippe (Pferde zum Beispiel). Menschen würden wir allerdings nicht essen. Es muss an dieser Stelle erlaubt sein zu fragen: Warum nicht?

Stellen Sie sich vor, Sie könnten jemanden, der Ihnen durch schreckliches Gebaren auf die Nerven fällt, einfach verschlingen. Die Welt wäre ein friedlicherer Ort ... Vermutlich würde es keine Menschen mehr geben oder nur noch einen, dennoch wäre es sehr friedlich. Bis dahin wäre es jedoch noch lange hin und Ihre Verteidigung vor Gericht müsste nur aus dem Satz bestehen:

„Ich hatte Hunger und er sah so lecker aus."
… Sie werden ja auch nicht verurteilt, weil Sie ein Hühnchen gegessen haben, und das ist auch ein Lebewesen. Die Konsequenz hieraus ist also nicht, wie manche Vegetarier und Veganer annehmen, dass man unsere tierischen Freunde nicht essen oder gar dafür bestraft werden sollte, sondern schlicht und einfach, dass man auch Menschen verspachteln können muss.

Aber wehe man isst nicht auf, dann ist es Mord! Schließlich verhungern in Afrika Kinder … und auch Erwachsene. Man beachtet jedoch lieber die Kinder. Da ist es trauriger.

Nein, wir essen keine Menschen. Es gibt einfach zu viele interessantere Sachen, die man mit ihnen anstellen kann. Die Tiere allerdings liefern uns wohl auch keine Antworten. Sie sind dumm und glücklich und haben nichts zu Stande gebracht … wie viele von uns. Seltsam. Wir landen immer wieder zwangsläufig bei den Menschen und ihrer Interaktion miteinander. Wird Zeit, dass wir unser fragendes Auge darüber schweifen lassen.

Nun gut! Die Liebe. Die Liebe ist … ähm … sie ist … öhm … Liebe kann ich nur empfehlen. Wenn Sie bisher durch das Leben gegangen sind und gesagt haben: „Liebe? … Nicht für mich. Nein, danke." Dann lassen Sie ab von Ihrem Tun. Wenden Sie sich der Liebe zu. Sie ist sehr gut und funktioniert wie folgt:

Gehen Sie in eine Bar. Da sind Leute, in die kann man sich verlieben. Die stehen da so rum. Man spricht eine Person an (nicht gierig werden! Einige scheitern daran, dass sie zu viele auf einmal ansprechen), dann werden die nötigen Verträge aufgesetzt und dann geht das auch schon los mit der Liebe. Anders als mit Verträgen geht es heute leider nicht mehr. Alles, was in der Liebe nicht vertraglich geregelt ist, ist sexuelle Belästigung. Lassen Sie es besser nicht drauf ankommen! Es geht die Sage von einem mächtigen Zauberer, der keine Verträge hatte, und auf diese Weise immer wieder nette, junge Damen durch bloßes Handauflegen in Prozessgegnerinnen verwandelt hat. Lassen Sie sich das eine Lehre sein.

Besonders wichtig ist der erste Kontakt. Ich persönlich gehe so vor, dass ich eine Dame, die mir wohlgefällig ist … Sie können aber auch gerne Herren oder nicht Cisgender orientierte Personen ansprechen, ganz wie Ihnen beliebt … ich für meinen Teil neige zur Damenwelt … und dann geh ich ganz locker her und sage ganz normale Sachen wie: „Du, ich glaub, ich find dich gut. Darf ich diese Vermutung überprüfen?"

Von dieser Methode würde ich Ihnen allerdings abraten. Manchmal werden, bei mir zumindest, junge Damen, nachdem ich sie angesprochen habe, wütend, dann entgegnen sie Sachen wie: „Iii! Was ficht dich an, du Unhold? Scher dich zum Teufel, Wüstling!"

… Ich hänge in komischen Bars rum. Viele Leute tragen da Rüstung. Sie müssen das nicht.

Auch wurde mir davon berichtet, dass manchmal heterosexuelle Männer wütend werden, wenn sie von einem homosexuellen Mann angesprochen werden, was ich ebenfalls nicht ganz begreife. Anscheinend gibt es immer noch Menschen, die denken, dass wenn man zu viele Worte mit einer schwulen Person wechselt, irgendwie selbst schwul wird. Da kann ich nur die Hände über dem Kopf zusammenschlagen, begleitet von einem Laut der Entrüstung!

Es ist doch nun wirklich bekannt, dass dem nicht so ist. Ist doch nun wirklich Allgemeinwissen, dass man schwul wird, weil nachts die Homofee kommt und einen mit Glitzer bestäubt!

Zurückweisung jedoch ist etwas, das allgegenwärtig ist und die unterschiedlichsten Gründe haben kann. Ich habe ein Gedicht geschrieben, welches diese Thematik behandelt, damit Sie in einer derartigen Situation nicht allzu niedergeschlagen sein müssen. Film ab.

Rennen und Brüllen

Glockenheller Klang
Des Himmels sanfter Strahl dich küsst
Ambrosia der Göttertrank
Ach, wenn man nur von Engeln wüsst'

Winde wehen weit
Sahen vieles manchen Orts
Jeder nun bei dir verweilt
Und säuselt leise süßes Wort

Baches kühler Lauf
Wassers wundersames Lied
Die Musen seufzen freudig auf
Und ich weiß nicht, wie mir geschieht

Ähhh ... Blablabla!
Ich frage mich: Ist das Liebe?
Ich liege nächtelang wach und frage mich:
Ist das Liebe?
Ich denke vierundzwanzig Stunden, sechs Tage
die Woche nur an dich
Und frage mich: Ist das Liebe?

Sonntags hab ich übrigens frei, da denke ich nicht.
Ich sterbe tausend kleine Tode
Die Minuten zerfließen in quälende Sekunden
Wenn du eine Viertelstunde länger als
gewöhnlich brauchst
Um auf meine Nachricht zu antworten

Und in diesen Sekunden
Jede von der ewigen astralen Dauer, die ein Stern braucht
Um geboren zu werden, zu leuchten und zu verglühen
In diesen Sekunden frage ich mich ...

Oh Gott, warum antwortet sie nicht?
Will sie nicht mehr mit mir reden?
Warum?
Hab ich zu viel gesagt?
Hab ich zu wenig gesagt?
Sollte ich mehr reden?
Oder bedränge ich sie zu sehr?
Warum antwortet sie nicht?
Hab ich was Dummes gesagt?
Mit Sicherheit hab ich was Dummes gesagt!
Ich bin Jan Philipp, natürlich habe ich was Dummes gesagt!
Ist ihr vielleicht was zugestoßen?
Sollte ich die Polizei rufen?
Reagiere ich völlig über?
Bin ich zu unsicher?
Ist das Liebe?
Und dann! Danach! Der Tag, an dem wir uns zum ersten Mal trafen!
In einem Eiscafé ...
Das ist so süß!
Ich krieg schon von der Erinnerung Diabetes, so süß ist das

Wir redeten und redeten und redeten
Und das Café schloss ...
Und wir redeten weiter!
Wir lachten, wir regten uns auf, wir verstanden uns

Doch jener verwunschene Augenblick des ersten Abschieds schritt unerbittlich auf uns zu. Und so nahm ich das bisschen Stolz, das ein Kerl wie ich hat, der zu 50 % aus Kuschel und zu 50 % aus Knuddel besteht, stützte es mit zwei, drei Streben Mut ab, schaute auf die windschiefe Konstruktion und gestand dir, dass ich auf dich stehe

Nicht liebe, nicht bloß mag,
Sondern auf dich stehe
Das ist perfekt austariert
Eindeutig, aber nicht verschreckend

Und du so ...
Ähhh, ich seh uns eher als Freunde.

Etwas riss in mir
Mein Herz
Es riss in EINS Teile
Fiel zu Boden und formte kein Mosaik
Auf dem stand: FREUNDE!
Und ich so ...
Okay

Dann rannte ich
Ich rannte durch die Glasfront des Cafés, das
nur für uns länger geöffnet hatte
Ich rannte durch die Stadt und auf die Autobahn

Ich rannte so schnell, dass es nicht nur egal
war, dass ich als Fußgänger über die Autobahn
rannte
Nein, ich rannte sogar so schnell, dass ich einen
Porsche Cayenne überholte, einige Kilometer
vorne weg anhielt und genau in dem Moment
pupste, als der Cayenne vorbeifuhr, so dass der
Furz von der Klimaanlage eingesaugt wurde
und dem prätentiösen Porschearsch genau ins
Gesicht wehte!
Ich rannte so schnell, dass *Sonic*, *Flash*, der
Roadrunner und *Usain Bolt* depressiv
wurden, ihren Job an den Nagel hingen und
seitdem bei *McDonald's* arbeiten!

Schnell-Laufen ist sowieso eine beschissene
Superkraft!
„Hey, ein Superheld! Was kannst du?"
„Haha! Ich kann das, was normale Menschen
können ... nur doller!"
Wow, nach der Logik ist meine Superkraft:
Essen.
Ich rannte
Und als ich genug gerannt war
Fing ich an zu brüllen
Und rannte weiter!

Ich rief nicht, ich schrie nicht und ich artikulierte mich nicht lautstark!
Ich brüllte
Denn Brüllen ist das mächtige Kreischen des gebrochenen Mannes!

Ich rannte und brüllte bis an die tiefste See
Ich schwamm weiter und ich brüllte dabei
Ich schwamm und brüllte wie ein Metal-Fan im Spaßbad

Brüllend kam ich wieder an Land und rannte weiter bis in den dichtesten Dschungel
Und als die Brüllaffen oben in den Bäumen mich hörten
Da sagten sie: „Krass."
Und sie nickten anerkennend

Vor lauter Überraschung hatten sie das Sprechen gelernt!
Ich hatte sie auf die nächste evolutionäre Stufe gebrüllt!
Das ergibt zwar keinen Sinn ...
Ist aber die Wahrheit!
Ich rannte und brüllte bis auf den höchsten Berg
Wo ein weiser alter Mann lebte, von dem ich Kung Fu lernte
Aber nicht irgendein Kung Fu!
Nein! Verbal-Kung-Fu!
Das hat nämlich mit Brüllen zu tun!

Ich war schon ein meisterlicher Renner und
Brüller gewesen
Doch dort oben brachte ich beides zur Perfektion
Ich lernte das bewegungslose Rennen,
das stumme Brüllen und die gebrüllte Meditation
UND! Ich lernte Sambatanzen!
Das ergibt zwar keinen Sinn …
Aber der alte Mann war ein bisschen einsam

Und eines Tages wie ich dort oben stand
So kurz vor dem Himmel und dabei meditierte
…

OMMM!

Da erkannte ich
Ich erkannte, ich brüllte und ich kehrte zurück
Ich kehrte zurück in das Café, wo du aus
unerfindlichen Gründen immer noch rum hingst

Ich baute mich vor dir auf
Dazu brauchte ich weder Mut noch Stolz
Obwohl ich beides auf meiner Reise zur Genüge
erworben hatte
Und ich sagte …
Das ist nicht okay. Das ist Kacke. Ich find das
kacke

Doch du …
Schautest mich nur traurig an

Und ich erkannte wieder
Ich erkannte, dass ich dich nicht dazu zwingen
kann, meine Gefühle zu erwidern
Aber ich kann rennen und brüllen
Das hilft ein bisschen

Zum Abschied erhielt ich von dir
deine Telefonnummer, um …
In Kontakt zu bleiben und vielleicht noch mal
ein Eis zu essen

Zum Abschied erhieltst du von mir eine
dreizehnstellige, zufällige Zahl, um …
Na ja, vielleicht bist du eines Tages in der
gleichen Lage und brauchst eine
dreizehnstellige, zufällige Zahl
Dann trennten wir uns
Du gingst deines Weges
Und ich ging meines Weges

Und das ist alles, was ich dazu sagen kann

Ja, die unerwiderte Liebe ist oft unvermeidlich. Entweder sie steht ganz am Anfang wie ein verschlossenes Burgtor umgeben von festen Mauern, oder sie schleicht sich nach und nach durch die Hintertür, um langsam den Bergfried zu besetzen.

Mathematisch gesehen ist der Umstand, dass man sich in jemanden verliebt, der einen sogar zurückliebt, so was von unwahrscheinlich! Wir sind weit über 8 Milliarden Menschen auf diesem Planeten, das ist doch ein unglaublicher Zufall, wenn man genau einen von den wenigen trifft. Manche Menschen machen es klug. Sie fahren nach Asien, um sich zu verlieben. Da sind am meisten Menschen. Die Erfolgsaussichten könnten höher sein. Andere machen es anders klug, sie wissen, dass die Wahrscheinlichkeit sehr gering ist, und bemühen sich darum um eine Beziehung ohne Liebe. Von solchen handelt der nächste Text...

**Erster Monolog der Lady Cuddlefish
aus der Daily Soap: „Explodierende Herzen"**

Südengland. Der Wind trägt das Salz des nahen Ozeans über die Ländereien des herrschaftlichen Anwesens der Familie Cuddlefish. Die Lady des Hauses steht am Fenster des Salons. Herein kommt der Herr des Hauses, Jonathan Cuddlefish.
Jonathan! Du hier? Ich hatte dich nicht erwartet. Nicht vor Einbruch des Winters. Bist du gekommen, um nach den Pferden und den Einhörnern zu sehen? Ich versichere dir, Jonathan, die Pferde stehen in voller Blüte und die Einhörner brüten. Alles geht seinen gewohnten Gang hier in Cuddlefish Hall.

Wie verlaufen die Geschäfte, Jonathan? Ach, du bist nicht gekommen, um über Geschäftliches zu sprechen? Nun gut. Mit mir sprichst du ja nie über deine Geschäfte – stets nur über deine Wünsche, Hoffnungen und Träume! Es ödet mich so sehr an! ... Diese ganze emotionale Tiefe! Jonathan, ich kotze im Strahl! Ich bin eine oberflächliche Frau und so will ich auch behandelt werden!

Charakter, Witz, Intelligenz – glaubst du, das reicht mir? Persönlichkeit kann jeder Trottel haben, Jonathan. Aber Geld! Unmengen von Geld! Das hat nicht jeder! Und ich will eben einen einzigartigen Mann. Einen, der mir etwas bieten kann! Und Geld ist etwas. Ich will mich nicht unterhalten, Jonathan. Ich will einkaufen! Du kennst doch das Sprichwort: Ein Bild sagt mehr als 1.000 Worte? Also halt die Fresse und kauf mir einen Picasso!

Aber nein! Der feine Herr geht ja lieber mit mir im Mondschein spazieren und erzählt mir von seinem geheimen Traum, nach Schweden zu ziehen und eine Capoera-Schule für Nagetiere zu eröffnen! Da steckt doch kein Geld drin! Willst du dich ruinieren? Ungleich schlimmer: Willst du mich direkt mit ruinieren? Ich bin eine starke, stolze, hochgradig abhängige Frau und ich habe mich an einen gewissen Lebensstandard gewöhnt!

Da wäre ein kleines, bedeutungsloses, aber wertvolles Geschenk hin und wieder durchaus angebracht! Natürlich, natürlich, ich gebe es zu, da war das eine Mal, da hast du mir Gold geschenkt ... aber Jonathan, das Zahngold meiner jüdischen Großmutter ... Hast du überhaupt eine Ahnung, wie es mir dabei geht ... wenn du mir so wenig Gold schenkst? Weißt du, wie viel das bisschen Zahngold auf dem freien Markt einbringt? Fast gar nichts!

Nein, sag jetzt nichts, Jonathan! Ich bin zu aufgewühlt ... an der Oberfläche.

Die Enten sind fort! So ... ich hab es gesagt. Du hast richtig gehört, Jonathan! Deine geliebten Enten ... Sie sind alle fort! Mir war langweilig, da hab ich sie vergolden lassen. Sie liegen nun alle auf dem Grund des Sees. Ich habe die Stelle auf dem Grundriss mit einem roten Kreuz markiert! ... (schluchzt) und mir dabei vorgestellt, ich sei ein Pirat ... so weit hast du mich getrieben, Jonathan! Ein Einflug von Fantasie! Wie bei armen Kindern, die sich kein Spielzeug leisten können! Am nächsten Morgen hätte ich fast in den Spiegel schauen können!

Nein! Zurück, Jonathan! Ich kann deine Berührung jetzt nicht ertragen! Ich fühle mich so schmutzig, so als wäre da etwas in mir! Kannst du dir vorstellen, wie viel Kaviar ich wegwerfen musste, um dieses Gefühl wieder loszuwerden?

Sieh mir nicht schon wieder so tief in die Augen! Was erwartest du da zu sehen?! Glotze mir gefälligst auf die Brüste, wenn ich mit dir rede! Schließlich habe ich die extra für dich machen lassen.

Und dann bist du immer so unerträglich spontan! Jonathan, ich hab Angst davor, dass du eines Morgens aufwachst und mit mir nach Tibet fährst. So viele Menschen, die in die Welt hinausgezogen sind, um sich selbst zu finden, sind doch bloß als selbstgerechte Arschlöcher zurückgekehrt. Und ... Jonathan ... das bin ich doch bereits. Das ist so sinnlos! Das Universum ist sinnlos! Romantik, Liebe, Gott – das bedeutet alles gar nichts. Wir werden geboren, wir leben, wir sterben. Das war's! Da ist nichts. Ich will es doch bloß bequem haben, während ich auf den Tod warte. Ist das denn zu viel verlangt? Ich will so wenig wie möglich sein, damit ich am Tag meines Todes so wenig wie möglich verliere ...

Kannst du das nicht verstehen? Nein? Nun dann ... Adieu, Jonathan!

Wutentbrannt und unter Tränen stürmt Lady Cuddlefish aus dem Salon. Jonathan Cuddlefish bleibt allein zurück. Eine Weile steht er wie vom Donner gerührt da. Dann schenkt er sich ein Glas 1.000 Jahre alten Whiskey ein. Mit einem tiefen Seufzer lässt er sich in seinen Lehnstuhl fallen und sagt:

Scheiße ... wo krieg ich denn so spät noch neue Enten her?

Hm ... Irgendwie macht die Liebe hier mehr Probleme, als sie Fragen klärt, habe ich gerade den Eindruck. Sie scheint daher kein probates Hilfsmittel auf unserer Suche nach Antworten zu sein. Schade, eigentlich. Der Sinn des Lebens ist die Liebe. Das hätte ich schön gefunden. Bisschen pathetisch vielleicht, aber tröstlich.

Dass die Liebe sich schwierig gestaltet, macht ja auch einen gewissen Reiz an ihr aus, doch was mir wirklich Sorgen bereitet, sind die Kinder. Wir wissen immer noch nicht, was der Sinn des Lebens ist, aber erschaffen ständig neues Leben. Wir setzen Kinder in eine Welt, von der wir nicht genau wissen, wie sie funktioniert, geschweige denn warum sie überhaupt existiert. Das ist grob fahrlässig!

Wir müssen die Menschen warnen! All die mündigen Bürgerinnen und Bürger – und besonders die unmündigen! – müssen umgehend aufgeklärt werden über die Gefahren, die von Kindern ausgehen! Doch das kann ich nicht allein schaffen. Ich muss mich in etwas Politischeres als mich verwandeln. Passen Sie auf ...

Seid gewarnt!
   Präsentiert vom Institut Fresenius

Meine Damen und Herren – erren – erren!
Frisch zurückgekehrt von seiner Wrestlingtour –
Uhr – Uhr!
Durch Zentralamerika – Erika – Erika!
Und die Schweiz - ... - ...!
(Echo kostet dort extra)
Kommt jetzt zu Ihnen auf diese Bühne Ihre
Bundeskanzler Angela-Jan Philipp!

Liebe Mietbürgerinnen und Mietbürger,

ich spreche zu Ihnen im Namen des Institutes
Fresenius, um eine Warnung auszustoßen:

Achtung, Achtung! Dies ist eine Warnung!
Machen Sie sich jetzt Sorgen.

Als Ihre Bundeskanzlerin frage ich Sie, denken
Sie manchmal: ... huh?
Denken Sie manchmal: Babys sind alle klein,
runzlig und unangenehm! Wie soll ich meines
nur jemals von anderen unterscheiden können?
Ich muss es wohl tätowieren!
   Denken Sie manchmal: Oh, oh, oh! Ich bin
ein umgedrehter Weihnachtsmann!

Wenn Sie so was denken, dann besteht eine 75%ige Wahrscheinlichkeit, dass Sie ... ja ... dass Sie dumm sind. Akzeptieren Sie ihr Schicksal.

Achtung! Achtung! Wir nähern uns dem Thema!

Studien des renovierten Fresenius Institutes haben herauserfunden, dass Eltern immer jünger werden. Teilweise sind Eltern so jung, dass sie noch nicht mal richtig konjugieren können, aber trotzdem bereits Kinder bekommen. Und dann heißt es nicht: „Ich gebar.", sondern: „Ich gebärte".
    Und zack! 9 Monate später ... ein BÄR!
    Dann ist das Geschrei natürlich groß: „Uäh! Mein eigenes Kind hat mich gegessen! Hm! YOLO."

Das will keiner! Ich wiederhole: Das will keiner!
    Den meisten Eltern mangelt es einfach an pädagogischzoologischen Kernkompetenzen, um Bären fachgerecht aufzuziehen. Denn Sie erinnern sich? Sie sind zu 75 % dumm! Ach, was red' ich? Natürlich erinnern Sie sich nicht. Doch wie sollen wir Herr der Bärenplage in unserem Land werden? Nun, ich persönlich biete an: Sendet mir eure Bären zu! Ich werde Sie katapultieren.
    Das beendet zwar nicht die Plage, aber dann haben die Niederländer das Problem.

Achten Sie erneut!

Selbst wenn Ihre Kinder vom Bärbärismus verschont bleiben – und dafür bete ich zu Allah! - sind junge Eltern ein Problem. Die Leute werden zu schnell Uropa. Das sieht nicht aus!
Sollen etwa die Urenkel zum Uropa kommen und sagen: „Uropa, erzähl uns vom Krieg!", aber der Uropa ist 20 und war gar nicht im Krieg. Und dann erzählt er halt von Egoshootern!
Was soll er auch tun?

Ich sage: Nein! Das will keiner!
Ich wiederhole: Niemand will keiner das jemals!

Und darum verspreche ich Ihnen ... nein! Ich gehe sogar noch einen Schritt weiter und sage: Und darum am versprechenste ich Ihnen, solange ich Ihre Bundeskanzler bin, sollen Uropas gefälligst in echten Kriegen gekämpft haben.
Darum plane ich auch schon jetzt für Sie den nächsten Kriseneinsatz der Bundesbär ... Bundeswehr! Das Ausflugsziel ist egal, denn der internationale Terrorismus ist zum Glück überall. Danke, Amerika!

USA! USA! USA! *(Publikum setzt in den Sprechchor ein [frenetisch])*

Achtung! Achtung! Es geht zurück zum Thema!

Unter Zuhilfenahme der Stiftung Warentest entdeckte das Institut Fresenius, dass viele Kinder im Feldversuch nur noch mangelhafte Testergebnisse erzielen. Tatsächlich hielt kaum ein Balg Temperaturen von über 200° stand! Jede handelsübliche Bratpfanne schafft da mehr!

Und auch beim Schiefenturmtest haben wir eine Runterfallquote von über 50 %!

Sind Kinder überhaupt notwendig?

Sind sie eine kluge Investition in die Zukunft, wenn Sie noch nicht mal von der Hausratsversicherung abgedeckt werden?

Sollten wir unser Geld nicht lieber in kriegsversehrte Bratpfannen mit besserem Gleichgewichtssinn stecken?

Die Antwort auf diese und andere Fragen lautet: Nein, nein, ja!

Selbstverständlich: Die Zukunft mag den Kindern gehören, doch uns allen gehört die Gegenwart. Wenn wir uns also heute zusammenschließen und an einem Strang ziehen, dann können wir es in nur kurzer Zeit schaffen, diesen kleinen Scheißern die Zukunft so richtig schön kaputt zu machen.

Beginnen Sie schon jetzt, schleichend Distanz zu Ihrem Nachkömmling aufzubauen. Ich zum Beispiel sieze mein Baby. Schließlich kennen wir uns auch noch gar nicht so lange.

Es mag ein Säugling sein, dennoch ist eine natürliche Skepsis berechtigt! Was wenn das Kind ein Arschloch wird? Oder ein Terrorist? Oder ein Bär?

Zusammenfassend möchte ich raten: Schaffen Sie sich doch statt eines Kindes lieber eine schöne Bratpfanne an. Zur Zeit sitzen über 125.000 Veteranenpfannen in deutschen Pfannenheimen und suchen ein neues Zuhause. Pfannen sind formschöner, günstiger im Unterhalt und einfacher in der Reinigung als Kinder!

Sad Fact: 99 % aller Kinder legen Wert darauf im Schlamm zu spielen, doch ebenso viele aller Kinder weigern sich bis auf den heutigen Tag, zum Ausgleich dafür mit Teflon beschichtet zu werden.

Seien Sie also auf der Hut! Tragen Sie von mir aus einen Hut! Um Gotteswillen ziehen Sie in den Wald und beginnen Sie ein neues Leben als Hut in einem Dorf mit anderen Leuten, die sich für Hüte halten und einem schielenden Einhorn namens Clarence!

Nur seien Sie gewarnt, denn Sie wurden gewarnt durch das Institut Fresenius.

Angela-Jan Philipp hinfort! *(fliegt davon)*

Nachdem nun alle gewarnt sind, können wir uns in Ruhe anderen Beziehungskisten zuwenden. Man muss sich nun wirklich nicht andauernd verlieben und für immer glücklich werden, um mit Menschen Kontakt zu haben – auch wenn die Liebe tatsächlich einer der spannendsten Aspekte des Menschseins ist.

Es gibt noch viele andere Möglichkeiten, mit den Artgenossen zu interagieren. Man kann sich beispielsweise streiten, hassen oder sogar gegeneinander kämpfen. Das scheint vielen Homo sapiens Freude zu bereiten, sowie einen zu geben, da sie große Teile ihrer kostbaren Zeit mit derlei Dingen verbringen. Ich halte davon nichts, immerhin haben wir bereits am Anfang des Überkapitels herausgefunden, dass der Sinn des Lebens nicht der Tod ist. Außerdem machen mich Konflikte müde, dabei bin ich ohnehin häufig müde.

Ich bin nicht so gut im Schlafen. Meistens schlafe ich zu kurz oder zu lang, aber ich kann nie die richtige Zeit abpassen! Ich erinnere mich auch nur sehr selten an meine Träume. Ich würde sogar so weit gehen zu sagen, dass ich nur sehr selten überhaupt träume. Und dann sind die auch noch langweilig! Ich empfange den ganzen Unsinn, den Sie des Nachts frei Haus geliefert bekommen, gar nicht! Den muss ich mir in mühevoller Kleinarbeit tagsüber ausdenken! (Und dann entstehen solche Bücher.)

Mein letzter Traum ist ein halbes Jahr her. Der ging wie folgt: Ich fuhr mit meiner Schwester durch die Stadt Wuppertal. Wir wollten zu einem Eisenbahnwarenladen, doch als wir ankamen, hatte der zu. Also stiegen wir wieder ein und fuhren zurück. Das war der ganze Traum! Zwei halbstündige Autofahrten! Ich kotze im Strahl, Jonathan.

All das sorgt dafür, dass ich häufig müde bin, worum es im nächsten Text geht, der auch wieder so eine Chimäre aus Lyrik und Prosa ist. Ach, und es geht um zwischenmenschliche Zwietracht. Es ist also relevant für unsere Ermittlungen.

Ich bin müde

Ich bin müde
Jeden Tag, jede Stunde, jeden Augenblick
Doch ich finde kaum Schlaf
Der Mond verspottet mich

Ich bin müde
Aber manchmal stelle ich trotzdem meinen Wecker. Dann stehe ich früh auf, nur um mir zu beweisen, dass ich das noch kann. Ich schrecke um 06:30 Uhr hoch, so wie es normale, verantwortungsbewusste Menschen tun, sage: „Joa … klappt" und lege mich wieder hin. Ich bin ja nicht bescheuert …

Nein, ich bin nicht bescheuert.

Ich bin müde

Ich bin müde
Wenn Menschen sagen: „Rate mal, was passiert ist. Da kommst du nie drauf!"
Hömma, Freundchen, warum lässt du mich dann raten? Merkst du's eigentlich noch?
Aber na gut, dann rate ich mal. Wurden alle deine Verwandten von Außerirdischen entführt und durch Roboter ausgetauscht? Nein? Na, so eine Überraschung.

Hast du dir 16 Hühner besorgt, sie mit Helium
befüllt und verkaufst sie jetzt als
McNugget-Ballons? Nein?
Verdammt, ich komm immer nur auf Sachen,
auf die ich komme.

Ich bin müde
wenn ich aus 13 Jahren Schule herausgehe und
so oft das Dritte Reich besprochen habe, dass
ich Kriegsmüde bin. Im Geschichtsunterricht,
im Deutschunterricht, im Religionsunterricht,
im Matheunterricht … „Wenn 30 Rotarmisten 17
Gewehre haben …" Der Lehrer war seltsam.
Ich hab Angst davor, unempfindlich geworden
zu sein für einen der größten Schrecken
überhaupt.

All das macht mich müde
Aber was mich schlaflos macht
sind diese Nazi-Vollidioten, die sich dümmlich
am Kopf kratzen, weil sie auf ihre eigenen
bescheuerten Gedanken nicht klarkommen.
„Wenn da einer eine türkische Mutter und aber
einen chinesischen Vater hat, dann ist der ja quasi
Doppelausländer, ne?"
„Ja ja ja."
„Nimmt der uns dann zwei Arbeitsplätze weg?"
Die sich mit der Antifa schlagen, mit der Polizei
schlagen und Asylantenheime anzünden.
Da kommen Menschen, weil sie um ihr Leben

fürchten, zu uns und sind hier auch nicht sicher?
Das ist doch Wahnsinn! Gönnt den armen
Menschen doch mal 5 Minuten Ruhe! Und um
Himmels Willen gönnt denen doch auch ihre
verdammten Smartphones. Die sollen sich doch
auch darüber ärgern dürfen, wenn Mitte des
Monats das Highspeedvolumen aufgebraucht ist.

Was mich schlaflos macht,
sind diese PEGIDA-Trolle, die sich vor der
Islamisierung des Abendlandes fürchten und all
die Errungenschaften ignorieren, die wir dem
islamischen Kulturkreis verdanken wie
unsere Ziffern, die Brille, oder Kaffee.
Und Kaffee haben wir bitter nötig.
Man ignoriert, dass grade mal 6 % aller
Europäer Muslime sind und fürchtet sich damit
fleißig vor etwas, das überhaupt nicht
existiert. Geifernd ergeht man sich in
grenzdebilen Wahnvorstellungen.
Wenn hier in [Stadt] ab nächster Woche jeden
Montag 10.000 Menschen auf die Straße gehen
und demonstrieren: „Wir haben Angst, dass der
Mond uns im Schlaf in Bananen verwandelt!"
Glaubt ihr, da würde auch nur eine
Polittalkshow hergehen und sagen: „Oh, jetzt
müssen wir diskutieren. Sind Bananen jetzt
allgemein Staudengewächse, oder potentiell
gelb angemalte Gurken und wir müssen uns alle
fürchten?"

Nur damit Schulze vor dem Fernseher sitzen
und sagen kann: „Also der Mond war mir ja
schon immer suspekt, lungert die ganze Nacht
draußen rum und zweimal am Tag klaut der uns
das Wasser aus der Nordsee!"
Der erste Laut der meisten Menschen ist ein
unartikuliertes Rumgeheule und manche hören
Zeit ihres Lebens nicht mehr damit auf.
Wir aber hören eifrig den Verrückten zu,
während die Vernünftigen schweigen.

Was mich schlaflos macht,
ist dieser allgmeine neuerliche Schwung nach
Rechts. Auf einmal tritt Bernd Lucke hervor, im
bürgerlichen Gewand, und sagt: „Ich hab nichts
gegen die Burka, ich fordere nur vorne drauf ein
amtliches Kennzeichen, damit man die Frauen
unterscheiden kann."
Hat er nicht gesagt ... klingt aber wie etwas, das
er sagen würde. Ich nenne solche Konstrukte
OxyMoron – der sich selbst widersprechende
Idiot. Kommt in jeder Diskussion mit ihm
mindestens einmal vor. Er dementiert einen
Vorwurf und sagt dann *genau danach* etwas,
was sein Dementi wieder kaputt macht. „Ich bin
nicht rechts, aber ich bin schon ziemlich rechts."

Überall muss man Angst haben
Ich bin angstmüde
Müdigkeit lässt sich jedoch nicht vermeiden.

Die ist natürlich.
Aber wir dürfen nicht einschlafen.
Wir dürfen nicht einschlafen!

Also sitze ich auf meiner Bettkante und bin müde
Ich reibe mir die Augen, blinzele und frage
mich, wann wir endlich alle in unserer Zeit
ankommen.

Es klingelt. Ich öffne die Tür. Davor steht die
Postbotin mit einem Paket.
Und auch sie sieht müde aus.
Und schlapp.
Das könnte daran liegen, dass ich im dritten
Stock wohne, doch ich denke:

Scheiße, wir sind doch alle Menschen. Wir sind
doch grundlegend alle in der gleichen Situation.
Wir müssen uns doch gegenseitig helfen.

Ohne ein Handbuch sind wir geworfen auf einen von einer Vielzuvielllion Planeten, der sich
mit 1.670 km/h um sich selbst und mit 107.000
km/h um die Sonne dreht, die mit 24.000 km/h
um das galaktische Zentrum rast. Doch da hört
es noch lange nicht auf!
Im Angesicht dessen wird uns schwindelig, also
stützen wir uns.
Der bloße Fakt unserer Existenz ist so unglaublich,

so unbegreiflich, dass wir es selbst nach 10.000
Jahren kollektivem Nachdenken immer noch
nicht verstehen. Und alles, was wir entdecken
und uns dazu ausdenken – so clever es auch ist –
macht diesen Umstand nur *noch* komplizierter.
Im Angesicht dessen wird uns schwindelig, also
stützen wir uns.
Wir haben alle Schwierigkeiten mit unseren
Gefühlen, mit uns, mit anderen, mit der Zeit,
mit der Welt. Ja.
Im Angesicht dessen wird uns schwindelig, also
stützen wir uns.

Ich schaue die Postbotin und mich an.
Wir sind beide müde
Und schlapp

Seitdem bestelle ich jede Woche ein neues paar
Hanteln übers Internet, denn sie hat das
Training nötig und ich erst recht. Gut, dass ich
im dritten Stock wohne.

Am Abend lege ich mich in mein Bett und
versuche zu schlafen, doch es gelingt nicht, denn
durch einen Spalt der Gardine bricht der Mond.
Ich lächle.
Irgendwie sieht der schon verdächtig aus.

Ich denke, damit müssten wir alle zwischenmenschlichen Beziehungen abgedeckt haben, wenn man mal von Freundschaft, Unbekanntheit, gesellschaftlichen Ordnungen und allem dem anderen Zeug absieht, das ich hier nicht behandelt habe.

Es juckt mich jedoch in den Fingern fortzufahren mit unserem Universum respektive unserem Platz darin, denn seien wir mal ganz ehrlich, läge der Schlüssel zu den größten Rätseln der Menschheit in unserer Mitte, hätte ihn mittlerweile doch jemand aufgehoben, um ihn ins Schlüsselloch zu stecken und Eintritt von uns zu verlangen! Auf diese Idee sind auch schon ganz andere vor mir gekommen. Menschen sind halt auch irgendwie nutzlos, darum denken sie sich so viele tolle Dinge aus, mit denen man sich beschäftigen kann, wie Fernsehen oder Arbeiten oder so ein Quatsch.

Doch alles zu seiner Zeit. Das kommt alles gleich. Wir machen jetzt einen großen Sprung von der Menschheit auf den gesamten Kosmos. Vielleicht hilft uns eine genau Betrachtung des Ortes, an dem wir leben, um zu verstehen, warum er existiert ...

IN DER KISTE

Ich möchte mich zuerst einer Frage zuwenden, die sehr alt ist. Eine Frage so alt wie die Menschheit selbst. Vielleicht noch älter! Zuerst war die Frage da, doch sonst niemand, wodurch sich die unerfüllbare Notwendigkeit, sie zu stellen, ergab. Dieses Spannungsfeld lud sich derart schnell und enorm mit Energie auf, dass es hart explodierte. Der Urknall war geboren. Alles, was danach kam, diente nur dazu, eine habitable Umgebung für Menschen zu schaffen, um endlich eine Antwort zu finden. Die Frage jedenfalls lautet:

„Wie funktioniert eigentlich der Mond, Jan Philipp?"

Warum ich persönlich angesprochen werde … keine Ahnung. Dennoch habe ich es mir nicht nehmen lassen, das altbekannte Phänomen namens Mond für Sie zu erforschen. Voller Stolz kann ich daher an dieser Stelle verkünden: Der Mond funktioniert … gut! Er tut, was er soll, und das zu meiner vollsten Zufriedenheit.

Doch das reicht vielen Menschen nicht. Sie wollen die ganzen schmutzigen Details, die Fachschniebis und die Wissenschaftsdingsis wissen. Gut, dass Sie da an mich geraten sind, denn bei mir sind Ihre Wissenschaftsdingsis in kompetenten Händen.

Wie kann es also sein, dass der Mond so gut ist? Nun, um dieses Rätsel auf verständliche und anschauliche Weise aufzulösen, habe ich folgendes Gedicht verfasst:

Beschimpfung an den Vollmond

Vollmond!
Du olle Ranzmurmel!
Du blödes Stinkerund!
Ich komm dir gleich darauf!
Ich komm dir gleich darauf!
Und dann gibt's was auf die Fresse!

Ohhh, jetzt hat er Schiss gekriegt!
Guck mal, wie er da abhaut!
Guck mal, wie er vor Angst immer weniger wird!
Guck mal, wie er abnimmt!
[...]

Ich breche das Gedicht an dieser Stelle ab, da es sehr rüde ist und zwei Wochen dauert. Sie begreifen das Prinzip.

Nach diesen zwei Wochen des permanenten verbalen Missbrauchs jedoch, wenn der Mond in Gänze verschwunden ist, beginnt auf der anderen Seite der Erde ein chinesischer Jan Philipp damit, den Mond zu loben, worauf dieser wieder zunimmt.

Das Zu- und Abnehmen des Erdtrabanten stellt sich also als eine reine Frage seines Selbstwertgefühls dar.

Da nun diese dringlichste aller Fragen beantwortet ist, wurde das Universum seiner Bestimmung zugeführt und kann daher von mir als erfolgreich beendet erklärt werden.

Gut gemacht! Auf Wiedersehen!

Sie existieren ja immer noch! Wie unhöflich von Ihnen. Hatte ich nicht grade alles Sein für beendet erklärt?

Jetzt tun Sie doch nicht so! Ich spüre es doch in meinem Frontallappen, dass Sie weiterlesen. Wie eine Mutter spürt, wenn ihr Kind in Gefahr ist, spürt ein Autor, dass sein Buch gelesen wird. Ich nehme das als ein fluktuierendes Hintergrundrauschen wahr. Sollten Sie mich also einmal schreibenderweise antreffen, seien Sie gewiss: Ich trage den Aluhut nur, damit ich mich konzentrieren kann!

Nun gut, vielleicht verhält es sich ja auch so, dass die eben gelöste Frage gar nicht der Dreh- und Angelpunkt des Universums war. Im Nachhinein, grade weil wir alle noch fortfahren zu existieren, erscheint mir das auch irgendwie unlogisch. Wenn der Mond entstanden ist als Teil des ganzen Geschröbels, das nach dem Urknall kam, um für den Menschen ein habitables Umfeld zu schaffen, wie kann dann die Frage nach seiner Funktionsweise der Auslöser des Universums sein?

Das müsste entweder etwas viel Grundlegenderes oder aber etwas viel allgemeiner Gefasstes sein. Leuchtet ein, oder? Entweder fußt die Realität auf einer zentralen Frage oder auf allen Fragen.

Ich persönlich finde Letzteres verführerisch. Die Realität ist aus Fragen gemacht. Immerhin gibt es auch ganz schön viele davon im Universum. Die fliegen da so rum, warten darauf, dass man sie eine nach der anderen beantwortet, und eines Tages, wenn wir das geschafft haben, hört alles auf zu existieren.

Natürlich, was gäbe es denn dann noch zu tun für das Universum? Dass das Universum sich durch den Menschen selbst erkennt, ist eine alte Weisheit. Doch was ist, wenn sich das Universum fertig erkannt hat? Wenn es sich selbst vollständig verstanden und enträtselt hat?

Hier eine kurze Beschreibung der Ereignisse:

Zuerst wird dem Universum ganz furchtbar langweilig.
Nach einer undefinierten Zeit, die man die große Öde nennen wird, in der sich alles Leben zu Tode gelangweilt hat, weil es keinen Grund mehr gab, irgendetwas zu tun, beginnt das Universum zu erkennen, dass es nicht mehr gebraucht wird.

Es wird jedoch nicht heimlich verklingen, noch wird es mit einem Paukenschlag explodieren. Einen würdevollen Abgang wünscht es sich, denn das Universum hat Stil.

Natürlich!

Schauen Sie doch die ganzen tollen Sterne, Galaxien und Nebel an, wie wunderschön die sind.

Das Universum hat eindeutig Geschmack. Es wird, während im Hintergrund ein Stern nach dem anderen in einem sanften Decrescendo verlischt, folgende Worte sprechen:

„Liebe Freunde, alles Sein!
Wir hatten eine wundervolle Zeit zusammen. Gemeinsam haben wir buchstäblich alles erreicht, was es zu erreichen gab. Die Zahl aller möglichen Quantenzustände, die es geben kann und die damit die Gesamtheit der Realität ausmachen, ist endlich. Dieses Ende haben wir erreicht. An diesem Punkt gibt es keine Reue, keinen wehmütigen Blick zurück und kein Gefühl der Leere.
Unsere Herzen und Geister sind voll.
Es ist alles da.
Wir sind eins."

Und alles wird still sein.
Und alles wird gut sein.
Keine Träne, nur ein sanftes Lächeln.
Kein Tod, ein Ende.

Doch bis dahin ist es ein weiter Weg, es liegt viel Arbeit vor uns.

Viele von uns werden, obwohl jener Tag zwangsläufig kommen wird, schon jetzt des Nachts von randalierenden Fragen belästigt. Woher kommt das Universum? Warum existieren wir überhaupt? Folgt das einem bestimmten Zweck oder sind wir bloß ein zierendes Schmückwerk in einem versteckt liegenden, wenig beachteten Sternensystem? Der Mensch als Bauchnabelpiercing des Kosmos?

Jene Gedanken werfen sich mit solcher Wucht von der rechten in die linke Gehirnhälfte und zurück, dass sie den Schlafsuchenden in seinem Bett mit sich reißen. Wachend ist man dann dazu verdammt, den gleichen Anblick zu bieten wie ein autoaggressives Schnitzel, das sich selbst paniert.

Schließlich gibt man auf und akzeptiert, dass zumindest wir noch ohne den Hauch einer Antwort auf diese Fragen mit Pommes frites sowie einer einsamen Zitronenscheibe garniert von einem großen, schnauzbärtigen Wiener aus der Existenz geknuspert werden (was einer der niedlicheren Euphemismen für den Tod ist, finden Sie nicht?).

Man mag nun darüber klagen, dass philosophische Großfragen nachtaktiv zu sein scheinen, oder darüber, warum sie nicht während der Nachtschicht von der Abteilung Traum beunantwortet werden können, oder darüber, dass traditionsgemäß Schnitzel gar nicht mit Pommes frites, sondern mit Kartoffelsalat gereicht werden.

Man kann aber stattdessen auch anfangen über kleinere Fragen nachzudenken und sich dann langsam zu den größeren hoch scheitern. So wollen wir es tun. Vorhin haben wir uns bereits etwas über das natürliche Phänomen Mond beigebracht, kommen wir daher nun zu seiner Gegenspielerin, der Sonne. Oder genauer: „Warum kleidet sich der Himmel in ein prachtvolles Rot, wenn die Sonne den Horizont berührt?"

Hierzu muss ich ein bisschen weiter ausholen. Genauer gesagt, muss ich bis ins Mittelalter ausholen. Ah, das Mittelalter! Nicht nur Heimat einer speziellen Gouda-Art, sondern auch vieler schöner Geschichten.

Bei der nachfolgenden Erzählung handelt es sich jedoch um keine akkurate Darstellung des Mittelalters. Es ist das Mittelalter, so wie ich mich daran erinnere. Die Ereignisse mögen also durch mein Gedächtnis getrübt sein. Doch höret nun, was ich dort sah ...

Ritter Flüsch ersticht die Sonne

Dunkel war's in jenen Tagen. Das finstere Mittelalter! Denn es waren schlimme Zeiten – so schlimm, dass sich alle dermaßen schämten, dass man global für die Epoche das Licht ausknipste, um das Elend wenigstens nicht mit ansehen zu müssen.

Schämig waren auch die Menschen in dem kleinen Königreich Hust!Tschuldigung, in dem unsere Geschichte spielt, da sie im Mittelalter leben mussten und sich jeden Morgen aufs Neue die Strahlen der aufgehenden Sonne über das Land wölbten wie die Glocke über den Käse.

Doch was da stank, war nicht allein der alte Emmentaler, denn sobald das garstige Gestirn über den Horizont blinzelte, offenbarte es den Leuten immer wieder ihre Warzen, sozialen Probleme und den Umstand, dass alle viel zu arm waren, um sich sehr große Fernseher leisten zu können. Nicht so wie heute, wo sich arme Menschen einfach sehr große Fernseher kaufen und dann nicht mehr daran denken müssen, wie arm sie eigentlich sind. Schon besser gelöst als damals.

Kurzum: Alle waren den ganzen Tag mies drauf, weinten bitterlich und guter Rat war teuer. Er kostete 53,94 Mittelaltereuro im Quartal, doch zum Glück konnte man sich als Student – vorausgesetzt natürlich man bezog BAFöG und wohnte nicht bei den Eltern – davon befreien lassen. Nichtsdestotrotz ein horrender Betrag, den sich kaum ein Untertan des Königreichs Hust!tschuldigung zu leisten vermochte.

Als unweigerliche Konsequenz spielte sich das Leben hauptsächlich nachts ab, was auch seine Vorzüge hatte, so musste man die anderen nicht immer angucken, denn die Menschen waren damals noch viel hässlicher als heute. Das Problem: Innere Werte waren noch nicht erfunden … die kamen erst in der Renaissance. Die Erde war bevölkert mit einem humanoiden Schimmel aus Igittigitt!

Doch das Leben in ewiger Finsternis hatte auch seine Schattenseiten … hehehe … Niemand konnte richtig einkaufen gehen, weil nachts ja die Geschäfte geschlossen sind. Logischerweise gab es darum im Mittelalter viele Hungersnöte. Tagsüber ging keiner raus und nachts konnteste nicht einkaufen. Wie du es drehst und wendest, immer scheiße eigentlich. Ein Perpetuum mobile der Scheiße!

Nun herrschte aber in jenem Land Hust! Tschuldigung ein weiser und gerechter König, der schon irgendwie daran interessiert war, die Lebensqualität seiner Untertanen zu verbessern. Und weil er so weise war und weil er so gerecht war und weil er keine Arme hatte, nannten ihn alle … Steve.

Denn das war sein Name. Wie sollte man ihn denn sonst nennen?

König Steve hatte sich überlegt, dass, wenn es keinen Tag gäbe, sondern nur Nacht, die Leute wieder einkaufen gehen könnten, da die Geschäfte nicht ewig geschlossen haben können. Das rentiert sich auf Dauer nicht.

Er wollte diese Idee mit seinen Ministern diskutieren, von welchen er sechzehn sein Eigen nannte. Doch außer „Ähm" und „Öh" und „Warum graben wir nicht einfach einen Tunnel zum Mond?" war aus ihnen nichts herauszubekommen, denn sie waren alle ziemlich unbrauchbar. Zum Beispiel fanden sie es aus irgendeinem Grund gerecht, alle vier Jahre ihre Aufgabenfelder wild durcheinanderzutauschen, fernab von jeder Kompetenz und trotz Wahlen!

So kam es auch, dass Ursulus der Kindliebe, der mal ziemlich gut Familienminister gewesen war, mittlerweile das Amt des Kriegsministers bekleidete, was zwangsläufig zu nichts anderem führen konnte als zu einer Armee aus Kindersoldaten … die alle nach Sonnenuntergang gar nicht mehr raus durften. Voll die dumme Idee. Auch dort bestand Handlungsbedarf.

Da also die Minister allesamt eher dekorative Zwecke erfüllten, blieb dem König nur, seinen Lieblingsritter mit der Aufgabe Sonnenaufgangweg3000 zu betreuen. Das aber war der Edelmann Flüsch von Schmatzbart, der bei jedem Schritt leise vor sich hin quiekte, als habe er sehr nerviges Hundespielzeug in den Schuhen.

Jener Ritter war entweder verrückt oder ... beides. Steve hatte ihn vor sieben Lenzen für seine Verdienste bei der Bekämpfung von Product-Placement im öffentlich-rechtlichen Burghof eigenfüßig zum Ritter getreten ... weil der ja keine Arme hatte, ne? Da musste der den treten. Flüsch war also sehr gut.

Der König verpasste dem Ritter noch eine Rüstung, einen Tritt in den Popo und schickte ihn dann in Richtung des Sonnenaufgangs. Ein weiter Weg, ein sehr weiterer Weg, ein viel zu weitester Weg eigentlich, auf den Flüsch auch voll keinen Bock hatte, denn der öffentliche Personennahverkehr im Mittelalter war eine absolute Zumutung! Der öffentliche Personennahverkehr im Mittelalter bestand aus einem Eselskarren, den man mit einer Möhre an einer Angelrute steuerte. Der Esel hieß Gunnar und hatte acht lahme Beine, was nicht nur hochgradig ineffizient, sondern auch voll gemein war!

So kam der Ritter Tage später endlich kurz vor dem Sonnenaufgang an. Kurz vor und nicht genau am wohlgemerkt, denn zwei Dinge versperrten ihm den Weg:

Das erste war eine Armee aus Gobelins – Gobelins sind im Prinzip Goblins aber französisch und darum viel gefährlicher! Wie sollte Flüsch es nur mit einer ganzen Armee dieser bösartigen Kreaturen aufnehmen? Nun war der Ritter aber sehr erfinderisch und ging einfach außenrum.

Wenn man alleine gegen eine ganze Armee steht, dann muss man nicht zwangsläufig auf Konfrontationskurs gehen. Manchmal muss man auch einfach mal seinen Verstand benutzen.

Das zweite, was ihm den Weg versperrte, war der ärgste Feind aller Ritter! Und wer ist logischerweise der ärgste Feind aller Ritter?

Natürlich ein Magnet!

Doch dieser Schurke konnte Flüsch nichts anhaben, denn seine neue Rüstung war nicht aus Metall gefertigt, sondern aus dem härtesten Material, das der Menschheit bekannt ist: Kaugummis, die auf dem Boden von Bahnhöfen kleben.

Folglich passierte er ungehindert und stand endlich vor dem Sonnenaufgang. Er erstach ihn. Fertig.
Der Sonnenaufgang ist ja eine nichtmenschliche Entität, weshalb er kein Schwert bedienen kann, was den Kampf sehr leicht macht.
Der Sonnenaufgang lies noch ein paar Erfahrungspunkte sowie eine Prinzessin fallen, wie es im Mittelalter üblich war, und verstarb.
Endlich herrschte wieder Frieden im Lande Hust!Tschuldigung.
...

So oder so ähnlich wenigstens hatte Flüsch sich das alles vorgestellt, doch die Wirklichkeit präsentierte sich grausam anders. Mit gezogenem Schwert und markerschütterndem Kriegsschrei stürmte der Ritter kurz vor Sonnenaufgang dem Horizont entgegen, doch für jeden Schritt, den er tat, wich sein Ziel um einen zurück. Also rannte er schneller, brüllte lauter, reckte sein Schwert höher. Es müsste schon mit dem Teufel zugehen, wenn er die schmale Grenze zwischen Himmel und Erde nicht zu packen kriegen sollte. Der Horizont aber ist einer der größten Feiglinge überhaupt und flüchtete ebenso schnell wie unser Held ihn verfolgte.

Aufzugeben war Ritter Flüsch allerdings genauso wenig geläufig wie die Funktionsweise des Horizontes an sich, darum rannte er am schnellsten, brüllte am lautesten und reckte sein Schwert am höchsten. Wieder war alle Mühe vergebens. Er erreichte den Horizont nicht.

„Wenn man etwas dreimal versucht hat und gescheitert ist, dann kann man davon ausgehen, dass man etwas falsch macht", dachte sich Flüsch. Hier half nur eine List.

Ruckartig machte er auf dem Absatz kehrt, wobei er verkündete: „Mich verließ die Lust. Soll doch ein anderer den Sonnenaufgang erstechen!"

„Wenn man etwas dreimal versucht hat und gescheitert ist, dann wird man wohl einsehen, dass es unmöglich ist", dachte sich der Horizont und schlich dem Ritter nach.

Wer hat hier wohl richtig überlegt? Plötzlich wirbelte Flüsch herum, machte einen Hechtsprung und krallte sich an seinem vor Schreck und Überraschung erstarrten Gegner fest. Der Horizont quiekte und zappelte, doch es half nichts. Er war geschnappt.

Just in dem Moment blinzelte auch schon der erste schüchterne Sonnenstrahl hervor. Ohne zu zögern, stach Ritter Flüsch zu. Blut trat aus der Wunde, verteilte sich über den gesamten Himmel und färbte ihn rot.

Die Sonne ihrerseits zeigte sich relativ unbeeindruckt von dem kleinen Wicht, der sie da pickste. Da war auch viel mehr Sonne, als Flüsch vermutet hatte. Aus der Nähe war sie auf einmal mehr als gigantisch! Aber davon ließ sich unser Held nicht abschrecken, bis auf den heutigen Tag sticht er jedes Mal, wenn der glühende Feuerball den Horizont berührt, munter drauflos.

Wird wohl noch 'ne Weile dauern, bis er fertig ist ... die Sonne ist wirklich sehr groß.

Meditieren wir kurz gemeinsam über diese rapide Erzählung ... Sind Sie fertig? Gut. Ich auch. Brüllen Sie bitte auf mein Kommando sehr laut ihre Interpretation und Kritik zur obenstehenden Geschichte – oder auch Ihre Meinung, wenn Sie intellektuell nicht zu einer Interpretation in der Lage sind, sondern nur eine Meinung haben können.

Brüllen Sie bitte ausgerufen laut, denn, wenn Sie das hier lesen, bin ich bereits in der Vergangenheit und habe Probleme, Sie zu verstehen. Wenn Sie laut genug brüllen, werde ich die Handlung entsprechend Ihrer Anmerkungen bearbeiten. Die Änderungen sollten sich dann gemäß allgemeiner Zeitreisekausalitätstheorien unmittelbar in Ihrem Buch materialisieren. Ist ein fairer Deal. Bereit? Hervorragend. Dann starte ich den Countdown.

4

3

2

1

Brüllen Sie jetzt!

...

Hm. Still ist die Nacht, verdutzt ist der Autor. Es gibt nämlich objektiv betrachtet insgesamt nur drei mögliche Szenarien, um das Schweigen der Kritiker zu erklären:

a) *Sie hatten keine Anmerkungen zu machen.* In diesem Fall gehe ich berechtigterweise davon aus, dass der Text Ihnen kulminiert erschien. Er bleibt also unverändert, was sich mit Ihrer Beobachtung decken dürfte, sofern Sie ihn während der letzten Sekunden genau im Auge behalten haben. Jedenfalls vielen Dank, dass der Text Ihnen zusagt.

b) *Sie haben nicht laut genug gebrüllt.* Nun steht es mir aber nicht zu, Ihre Schalldruckerzeugungsfähigkeit in Zweifel zu ziehen. Schließlich kenne ich Sie gar nicht! Sie könnten Weltmeister im Brüllen sein. Es müsste wenigstens Ihre Stimme zu mir vorgedrungen sein. Folglich greift wieder Szenario A. Vielen Dank.

c) *Das mit dem Brüllen durch die Zeit funktioniert gar nicht.* Kann ja sein! Die Möglichkeit besteht. Sie erkennen aber, dass ich in zwei von drei Fällen davon ausgehen muss, dass die Geschichte widerspruchslos perfekt ist. Das ist statistisch relevant! Ich bin mathematisch dazu verpflichtet. Nun gut. Nachdem wir Ihr Ergebnis der Meditation erörtert haben – vielen Dank nochmal. Ich fühle mich (stochastisch) sehr geschmeichelt -, ist es an der Zeit uns weitere allgemeine Gedanken zu machen.

Wir haben nun zwei natürliche Phänomene besprochen, zwei dringende Fragen (sozusagen) beantwortet, folglich wäre es daher an dieser Stelle angebracht, dass wir uns natürlichen Phänomenen im Allgemeinen zuwenden oder anders: der Physik.

Was ist Physik? Woher kommt sie? Was will sie? Müssen wir das mitmachen? Liefert sie uns Antworten auf die dringlichsten Fragen unserer Existenz?

Die kurze Antwort lautet: Ähm, naja, nicht so wirklich. Kommt auf die Fragen an.

Die lange Antwort ... nun da sollte man wirklich Physik studieren und sich seine eigenen Gedanken machen.

Das sind beides zwei ziemlich unbefriedigende Antworten, nicht wahr? Die längere dauert immerhin 900 Semester durchschnittlich. So ist es meistens mit kurzen und langen Antworten. Wir wenden uns daher lieber der mittleren Antwort zu.

Physik ist eine Wie-Wissenschaft. Sie verstehen? Geographie ist zum Beispiel eine Wo-Wissenschaft. Das heißt, Physik beschäftigt sich mit den Wie-Fragen. Wie fällt etwas runter? Wie formen sich Galaxien? Wie ... ähm ... magneten Magnete? WIE?!

Daraus folgt, dass Physik nicht die großen Warum-Fragen beantwortet. Ein Beispiel: Stellen Sie sich vor, das Universum sei eine Kiste. Nicht schwierig in Anbetracht des Umstandes, dass niemand weiß, was das Universum tatsächlich ist.

Jedenfalls eine Kiste. Der Physiker vermisst die Kiste, nimmt Proben, macht Experimente und so weiter. Er kann Ihnen genaue Auskünfte darüber geben, wie lang die Kiste ist, aus welchem Material sie besteht und dass die Kanten die Vermutung nahelegen, dass sie aus 6 einzelnen Teilen besteht et cetera. Eine Frage, die er Ihnen aber nicht beantworten kann, ist: WARUM SIND WIR IN EINER KISTE?

Wenn Ihnen also ein Physiker auf die Frage, ob es einen Gott gibt, antwortet, dass die Physik sagt, dass ER nicht existiert, dann sind Sie gut beraten, ihm nicht zu glauben. Andersrum genauso: Wenn Sie einen Priester fragen, wie ein Regenbogen entsteht, und der Ihnen erzählt, dass dieser von Gott in den Himmel als Zeichen seines Bündnisses mit den Menschen gesetzt wurde, dann seien Sie auch hier skeptisch. Passen Sie auf, wem Sie welche Fragen stellen. Sie fragen schließlich auch nicht den Vertreter der Coca-Cola-Company, ob es gesund ist, am Tag 2 Liter Cola zu trinken.

Besonders Physiker und Priester sollten sich auf ihren jeweiligen Fachbereich konzentrieren und sich nicht zu Spekulationen über das andere Aufgabengebiet hinreißen lassen. Physiker knibbeln weiter an Atomen, Galaxien und allem dazwischen herum, während sich Priester weiter fragen, wie es Gott wohl grade geht. Beide wollen uns eigentlich nur helfen, außerdem kann man sehr wohl das Universum physikalisch begreifen und an einen Gott glauben.

(Wenn Ihnen übrigens ein Schriftsteller etwas erzählt, sollten Sie dies mit noch größerer Skepsis betrachten. Nur so als Hinweis. Unser Handwerk ist das Lügen … und das Schreiben, aber vor allem das Lügen!)

Genau betrachtet ist Physik unser Freund, da sie viele unserer Fragen über die Funktionsweise des Universums beantwortet und uns viele nützliche Tipps verrät, wie wir diese zu unserem Vorteil ausnutzen können. Deswegen haben wir es überhaupt so weit gebracht, dass wir Kartoffelchips essen können, während wir im Fernsehen anschauen, wie andere zum Mond fliegen. Trotzdem haben viele Menschen Probleme mit dieser Wissenschaft. Warum habe ich in folgendem Essay erörtert.

Physik ist schön. Niemand braucht Physik.

Ich zitiere: „Physik ist eine anmutige Wissenschaft, welche die plastischen Phänomene der Welt um uns herum, die winzigen Wunder der kleinsten Teilchen und die gigantischen Geheimnisse der Galaxien beschreibt. Dabei gelingt es ihr spielend, die Neugier und das Erstaunen der Menschen in Langeweile und Verwirrung zu verwandeln."

Diese weisen Worte entstammen dem bekannten Physiker, Philosophen und Prahlhans Jan Philipp Zymny und sind nicht gelogen.

Vielen von uns sind die Erkenntnisse der Physik genauso wenig zugänglich wie die anderer Geheimwissenschaften – zum Beispiel des Unterwasserninjutsus, eine Kunst, die es dem kundigen Ninja ermöglicht, sich unter der Wasseroberfläche lautlos fortzubewegen ... wem auch immer das nützen mag.

Das Wissen der meisten Bürger um die Physik reicht von: „Alles fällt runter!" bis hin zu: „Strom kommt aus einem Loch in der Wand und schmeckt *aua*!", doch dafür braucht man keine Physik. Das sind Einsichten, die jeder zehnjährige Hobby-ADHSler gewinnt, der an einem verregneten Mittwochnachmittag an einer Steckdose lutscht.

Was machen diese Physiker also den ganzen Tag?

Die Naturphilosophen im antiken Griechenland, die man als die ersten Physiker bezeichnen könnte, haben den ganzen Tag lang – und das muss man sich mal vorstellen –, den ganzen Tag lang in den Nachthimmel gestarrt und sich gefragt: „Hä? Was geht da ab mit den krassen Lichtpunkten?"

Auch heute noch starren manche Physiker in den Nachthimmel und auch heute stellen sie sich die Frage: „Hä?" Direkt gefolgt von einer sehr viel weiterentwickelten Frage: „Was geht da ab mit dem krassen dunklen Raum zwischen den beschissenen Lichtpunkten?"

Ist das nicht erstaunlich, was man mit 3.000 Jahren systematischem Nachdenken alles erreichen kann? Verblüffend. Natürlich hat sich in diesen 3.000 Jahren technisch unheimlich viel getan. Heute bauen sie im Minutentakt neue Hightechwunderdinge, die man sich vor 100 Jahren niemals hätte vorstellen können, wie zum Beispiel das iPhone, oder auch das iPhone 2, vergessen wir aber nicht das iPhone 3, oder aber auch das iPhone 4, vergessen wir aber nicht das iPhone 5, oder aber auch das iPhone 6 …

NIEMAND KANN SAGEN, WAS SIE ALS NÄCHSTES ERFINDEN!

Jetzt könnten Sie natürlich sagen: „Aber Jan Philipp … das ist doch alles gelogen." Und das ist natürlich richtig. Was aber nicht gelogen ist, ist die folgende Hausaufgabe, die original so aus meinem eigenen Physikstudium stammt:

Eine Tänzerin – das ist etwas, das viele Physiker nur aus dem Internet kennen (mich selbst auch eingeschlossen) – dreht sich im Kreis. Dabei wird ihr Körper durch einen Zylinder mit einem Durchmesser von 30 cm und einer Höhe von 70 cm angenähert, ihre Arme durch Zylinder mit dem Durchmesser 10 cm und einer Länge von 40 cm. Ihr Gewicht beträgt 50 kg. Bestimmen Sie ihr Trägheitsmoment mit ausgestreckten und angelegten Armen.

Jetzt werden sich viele wundern: „Aber Jan Philipp … Was ist denn ein Trägheitsmoment?"

Das spielt keine Rolle. Das kann man eh weder sehen noch anfassen, aus den selben Gründen glauben einige Menschen nicht an Gott, warum also an das Trägheitsmoment? Ist auch an dieser Stelle noch gar nicht der Punkt.

Stellen wir uns diese Tänzerin einmal bildlich vor. Eine anmutige Ballerina. Nennen wir sie Günther-Jaqueline. Warum werden Sie gleich sehen. Sie hat noch keinen Nachnamen. Wie wäre es mit Ohnebein? Günther-Jaqueline Ohnebein … schließlich ist in der Aufgabe von ihren Beinen keine Rede. Vielleicht ist Günther-Jaqueline ein Veteran aus Stalingrad, wo sie beide Beine an die Russen verloren hat? Man weiß es nicht. Jedenfalls dreht sie sich im Kreis, da sie keine Beine hat, auf ihrem Stumpf! Auf ihrem blutigen, aufgescheuerten Stumpf! Niemand weiß, wie lange sie sich schon dreht. Auch hierzu schweigt die Aufgabe. Stunden? Tage vielleicht? Für mich klingt dieser selbst verstümmelnde Pirouettenzwang nach posttraumatischer Belastungsstörung, was ja für die Stalingradhypothese sprechen würde. Sagte ich eben anmutig? Mit ihrem beschriebenen Tonnenkörper und einem Gewicht von 50 kg hat Günther-Jaqueline einen Body-Mass-Index von 163! Das entspricht, wenn man zurückrechnet, bei einem durchschnittlichen Menschen einem Körpergewicht von knapp 300 kg. Irgendwas stimmt hier vorne und hinten nicht.

Mittlerweile gleicht unsere Tänzerin eher einem Baggerfahrer, der durch Kettenrauchen beide Beine verloren hat, auf der Armatur seines Baggers eingeschlafen ist und sich darum unkontrolliert im Kreis dreht ... Bestimmen Sie sein Trägheitsmoment nicht, helfen Sie dem armen Kerl!

Der findige, lebensnahe Geist weigert sich also folgerichtig, diese völlig unlogische Aufgabe zu bearbeiten. Grade von der Physik als grundlegendste der Naturwissenschaften hätten wir ein derart unrealistisches Szenario nicht erwartet! Buh, Physik, buh! 13,798 ± 0,037 Mrd. Einheiten Schande über dich!

Wo doch alles sehr vielversprechend angefangen hatte. Ursprünglich war der Grundgedanke mal, die Welt ohne einen allmächtigen, unsichtbaren Schöpfer nur durch Beobachtung und logische Methodik verstehen zu können. Jetzt willst du uns weiß machen, dass alles aus unsichtbaren Quanten gemacht ist (was diesen auch eine gewisse Allmacht zukommen lässt), die genauso wenig greifbar oder begreiflich sind wie ein Gott?

Ich bin da skeptisch.

Mit Ihnen zusammen möchte ich sogar noch einen Schritt weiter gehen. Achtung, ein neuerlicher Mitmachteil bahnt sich an! Bereiten Sie sich seelisch und körperlich darauf vor, dass Sie gleich etwas Verrücktes machen werden. Sollten Sie dieses Buch zum Beispiel in einem öffentlichen Verkehrsmittel lesen, fangen Sie schon mal an, mit irrem Blick die anderen Fahrgäste zu beäugen; dann kommt das, was Sie gleich tun werden, für die nicht so überraschend.

Sind Sie bereit? Gut!

Rufen Sie jetzt ganz laut: „Ich glaube nicht an Schwerkraft!", und dann fliegen Sie davon! ... Na gut, Sie müssen das nicht auf der Stelle tun. Es reicht mir schon, wenn Sie erkennen, dass Sie ein freier Geist sind und sich aussuchen können, was Sie als wahr ansehen oder woran Sie glauben. Danach würde ich mich sehr darüber freuen, wenn Sie ihr Leben unter diesem Leitspruch „Ich glaube nicht an Schwerkraft!" weiterführen und dabei überall erzählen, dass Sie selbstverständlich fliegen können. Sie brauchen nur eine geschickte Ausrede, falls Sie gebeten werden, das unter Beweis zu stellen.

Behaupten Sie schlicht, Sie seien gerade zu müde, oder schließen die Augen für einen kurzen Moment, öffnen Sie wieder und sagen: „So. Gesehen?" Wenn daraufhin jemand meint, dass Sie ja gar nicht geflogen wären, bemitleiden Sie ihn dafür, dass er keine Fantasie hat. Oder steigen Sie einfach in ein Flugzeug. Die wurden dafür gebaut, damit wir fliegen können. Da brauchen Sie nicht mal Fantasie.

Doch was ist, wenn das tatsächlich nicht stimmt mit der Physik? Wenn uns Schwerkraft, Strom und Co nur deshalb etwas anhaben können, weil wir das nun mal gelernt und akzeptiert haben, weil man es uns viele Jahre eingetrichtert hat in der Schule?

Die Schule hat diese Macht. Ganz klar. Beispielsweise hat man Ihnen so lange erzählt, dass das Wort Baum „B-a-u-m" geschrieben wird, bis Sie angefangen haben zu glauben, dass das richtig ist. Dabei stimmt das gar nicht. Sie können Baum auch „X-y-l-o-f-o-n" buchstabieren. Keine Sau wird Sie verstehen, aber das interessiert doch den Baum nicht. Der guckt nicht mal irritiert. Dem ist das nämlich egal, wie Sie ihn nennen. Er bleibt weiter Baum, völlig unbeirrt.

„Schau Schatz, wie schön die Kirschxylofone blühen." Könnten Sie sagen. Ist nur unrealistisch. Wer nimmt einen Kerl, der Bäume mit Xylofonen verwechselt?

Wenn jetzt aber alle hergehen und Xylofon zum Baum sagen, dann ist das aber auf einmal wieder richtig. Die Wahrheit ist also das, worauf wir uns kollektiv geeinigt haben. Und das erzählen wir dann unseren Kindern in der Schule.

Was ist, wenn das mit der Physik genauso ist? Heute sagen wir noch, es gäbe nichts, das sich schneller als das Licht bewegt, und in ein paar hundert Jahren sehen wir das schon wieder anders. Wir können diesen Prozess beschleunigen.

Vergessen Sie, was Sie gelernt haben, verkünden Sie voller Überzeugung: „Ich glaube nicht an Schwerkraft und ich kann schneller fliegen als das Licht!" und dann düsen Sie los.

Fällt schwer, nicht wahr? Ganz tief drin glauben Sie halt immer noch, dass das, was Sie in der Schule gelernt haben, tatsächlich die Wahrheit ist. Allerdings gibt es nicht nur so etwas wie Wahrheit nicht, sie wird auch schon gar nicht in der Schule hergestellt. Um Sie da von Ihrer Blockade zu befreien, habe ich Ihnen ein kleines Theaterstück, eine Horrorvision über den Schulbetrieb in der Zukunft, angefügt:

Schule machen Dum – der erste Akt eines Theaterstücks über Schulen in der Zukunft

Eine Schule in der Zukunft. Erster Schultag. Jeder Schüler betritt nach dem Klingeln seine Lernbox – eine kleine, weiße Kabine mit Platz für ein Pult, einen Stuhl und ein Interface an der Wand.

Auftritt Schüler in der Lernbox.

Schüler *sich setzend und dann wartend*: Das ist also Schule ... schade, dass jeder seine eigene Lernbox hat. Was wohl die anderen Kinder grade machen?

Das Interface leuchtet blau auf.

Interface *mechanisch*: Willkommen, Schüler 01_A_Zyc, an der McDonald's Grundschule Wuppertal-Nord.

Das McDonalds-Logo wird unten rechts eingeblendet.

Interface: Ich bin die vollautomatische Lehreinheit LEX2020_GS. Wie geht es dir?

Schüler: Ich bin ein bisschen aufgeregt, weil heute mein erster ...

Interface: Interessiert mich nicht. Ich bin ein Computerprogramm. Gefühle sind irrelevant. Sage jetzt deinen Namen laut und deutlich für maximale Personalisierung.

Schüler: Jens Petrick Zyclopu.

Interface: Ich habe dich nicht verstanden. Bitte wiederhole deinen Namen laut und deutlich.

Schüler: Jens Petrick Zyclopu.

Interface: Ich habe verstanden. Dein Name ist ... **Jan Peter Leberwurst**. Ist das richtig?

Schüler: Nein, Jens Petrick Zyclopu.

Interface: Ich habe verstanden. Name geändert in … **Neinja Peter Leberwurst**. Ist das richtig?

Schüler: Och, menno!

Interface: Ich habe verstanden. Name geändert in … **Och Menno**. Ist das richtig?

Schüler schluchzt.

Interface: Personalisierungsprozess fehlerhaft. Name gespeichert als **Schüler 01_A_Zyc**. 01_A_Zyc, hast du das Basismodul „Schreiben und Lesen" im Kindergarten abgeschlossen?

01_A_Zyc *unter Tränen, doch stolz*: Ja. Ich kann schon schreiben und lesen.

Interface: Ausgezeichnet. Personalisierung abgeschlossen. Lade Programm: Erster Schultag.

01_A_Zyc wischt sich die Tränen aus dem Gesicht. Auf dem Interface erscheint für wenige Sekunden eine Sanduhr, dann leuchtet es grün und präsentiert den Schriftzug: Schultag GS01 – Begrüßung.

Interface: Herzlich Willkommen zu deinem ersten Schultag, Schüler 01_A_Zyc. Du betrittst nun die aufregende Welt des Lernens präsentiert von McDonald's. Da deine Eltern arm sind, erhältst du das Bildungssparmenü.

Das Bildungssparmenü ist vorteilhaft im Preis und enthält nur minimale Spuren von irrelevanten musischen Fächern (für nähere Informationen frage bitte einen unserer Mitarbeiter nach der Nährstofftabelle), um dich maximal auf deinen zukünftigen Arbeitsplatz vorzubereiten. Achtung! Sollten meine Sensoren kreatives Verhalten messen, so wird dies Strafmaßnahmen zur Folge haben.

Wenn deine Eltern wider Erwarten doch zu Reichtum kommen, stehen folgende weitere Lernprogramme zur Verfügung:

Bildungsmaximenü

Bildungsmaximenü mit Käse

Bildungsmaximenü mit Käse und Hausaufgabenbetreuung

Bei Interesse können sich deine Eltern unter der eingeblendeten Hotline melden.

Schüler 01_A_Zyc will mitschreiben, doch die Nummer blitzt nur für den Bruchteil einer Sekunde auf dem Interface auf.

Interface: Subroutine beendet. Starte Lehrbetrieb. Starte Unterrichtssequenz. Lade erstes Fach.

Wieder erscheint die Sanduhr auf blauem Grund. Dann leuchtet der Bildschirm grün und zeigt: „Schultag GS01 – Mathematik". In der rechten unteren Ecke prangt noch immer das Sponsorenlogo.

Interface: Das erste Fach ist Mathematik. Schlag dein Mathematikheft auf, 01_A_Zyc.

Schüler gehorcht.

Interface: Mathematik wird dir präsentiert von der Coca-Cola-Company.

Das Logo der Coca-Cola-Company erscheint neben dem anderen.

Interface: Schüler 01_A_Zyc, wir beginnen mit einfachen arithmetischen Aufgaben. Gegeben sind die Zahlen von 1 bis 10. Sie lauten: 1, 2, 3,

4, 5, 6, 7, 8, 9 und 10. Es gelte: 1 + 1 = 2, 1 + 2 = 3, 1 + 3 = 4 und so weiter. Lade Textaufgabe mit kindgerechtem Hintergrund.

Das Interface lädt eine Animation der folgenden Aufgabe, während 01_A_Zyc fleißig mitschreibt.

Interface: Aufgabe 1: Susi hat 3 Äpfel. Nikita hat keine Äpfel. Wenn ein Bär ein Paket Seife im Wald vergräbt, wie viele Äpfel hat dann Martin? 01_A_Zyc, beginne nun mit dem Rechenprozess.

Der Schüler malt wild im Heft und überlegt.

Interface: Die Zeit ist um. Schreibe deine Lösung gut leserlich in dein Heft.

01_A_Zyc schreibend: Ähm ... ich weiß nicht. Vielleicht 7?

Interface: Scanne Lösungsvorschlag.

Ein Laser von der Decke der Lernbox tastet das Mathematikheft ab.

Interface: Deine Lösung ist ... 7. Das ist korrekt.

01_A_Zyc: Aber warum denn?

Interface: Deine Antwort war richtig. Das „Warum" ist folglich irrelevant. Da du im Bereich Arithmetik ausreichende Ergebnisse erzielst, schließe ich diesen Bereich und erhöhe den Schwierigkeitsgrad. Deine nächste Aufgabe stammt aus dem Bereich der Analysis ...

Aufgabe 2: Was ist die Quadratwurzel aus der neuen Coca-Cola-Zero?

01_A_Zyc: Ich nehm nochmal die 7, das hat eben auch geklappt.

Interface: Die Zeit ist um. Scanne Lösungsvorschlag.

Es wird erneut gescannt.

Interface: Deine Lösung lautet ... 7. Das ist nicht korrekt. Die Quadratwurzel aus der neuen Coca-Cola-Zero ist natürlich ... köstlich. Diese Aufgabe wurde dir präsentiert von der Coca-Cola-Company. Schüler 01_A_Zyc, da der schwierigere Aufgabenbereich einen höheren Prozentsatz deiner Tageszensur ausmacht, fällst du für heute in Mathematik durch. Beende erstes Fach. Lade zweites Fach ...

01_A_Zyc: Lehreinheit?

Der Ladebildschirm bricht ab und wird gelb.
Interface: Ja, 01_A_Zyc?

01_A_Zyc: Ich hab zu Hause ein Bild gemalt.

Interface: Aha.

01_A_Zyc: Möchtest du es sehen?

Interface: Nein.

Das Interface zeigt ein blickendes Warndreieck an und leuchtet rot auf. Ein elektrisches Sirren erfüllt die Lernbox. 01_A_Zyc beginnt unter den Stromstößen wild zu zucken.

Interface: Schüler 01_A_Zyc, dir wurde ein pädagogischer Stromschlag versetzt. Kreatives Verhalten wird unter keinen Umständen toleriert. Stelle dieses Verhalten umgehend ein, oder du erhältst weitere Strafmaßnahmen. Du hast 5 Minuten zur Regeneration.

Das Interface wird dunkel. Keuchend rappelt sich 01_A_Zyc auf. Plötzlich klopft es an der Wand der Lernbox.

01_A_Zyc: Was war das?

Das Klopfen wird lauter und wandert in Richtung Fußboden. 01_A_Zyc folgt ihm.

01_A_Zyc: Da ist ja ein Gitter!

01_A_Zyc entdeckt ein Lüftungsgitter. Das Klopfen verstummt und ein Zettel wird durch das Gitter geschoben. Der Schüler nimmt den Zettel auf, faltet ihn auseinander und liest vor: Hallo, ich bin Steffi. Ich bin auch in einer Lernbox, aber sie ist kaputt. Das Interface leuchtet gar nicht. Ich hab gehört, dass du einen Stromschlag bekommen hast. Geht es dir gut?

01_A_Zyc... *schaut verwirrt und ruft dann* ... HALLO? STEFFI?

Steffi *durch die Wand*: Hallo. Darf ich dein Bild sehen?

Ende erster Akt.

Ich breche das mal hier ab. In seinem vollen Umfang wird dies wohl sich selbst als tatsächliches Stück genügen, um ein eigenes Buch oder eine Bühne zu füllen, doch das reicht an dieser Stelle erst mal dazu.

An Schulen läuft bereits heutzutage einiges verkehrt. Was entweder daran liegen kann, dass die Zugangsvoraussetzungen und Anforderungen für ein Lehramtsstudium niedriger sind als für ein „normales" Studium desselben Faches – wobei es doch klüger wäre, unsere besten Köpfe unsere Jüngsten ausbilden zu lassen, damit wir als Gesellschaft cleverer werden –, oder es liegt daran, dass heute mehr Kinder am Aufmerksamkeitsdefizitsyndrom leiden als früher. Mir persönlich war nie ganz klar, ob dieses Wort ADS (oder auch ADHS, wenn die Kids dabei hüpfen) beschreibt, dass die Kinder ein Defizit in ihrer Fähigkeit, aufmerksam zu sein, haben, oder ob sie defizitär mit Aufmerksamkeit versorgt werden. Als das erklärt wurde, hab ich wohl nicht aufgepasst. Sei's drum.

In der Zukunft wird alles jedenfalls noch viel schlimmer, wie Sie gerade gelesen haben. Da sollte man also dringend was dagegen tun ...

Noch mal zur Sicherheit: Ich erzähle nur Unsinn! Ich lüge Sie an! Und ich hab Ihnen das vorher gesagt! Hören Sie in keinem Fall auf mich!

Alles, was wir aus jenem kurzen Stück mitnehmen, abgesehen von der Lösung Ihrer Blockade, ist, dass wir auch an den Orten, die sich der Vermittlung von dem, was Sie für Wissen halten, verschrieben haben, keine Antworten auf die großen Fragen finden. Ein Fest der Vergeblichkeit ist das hier, aber bleiben Sie bei mir, liebe Freunde, es wird alles noch absurder. Versprochen, denn wir sind kurz davor, die Welt der natürlichen Phänomene (sprich das Universum) zu verlassen und uns dem zu widmen, was außerhalb davon liegt. Unsere zentrale Frage lautet immer noch: „Warum existieren wir?"

Das größte Geheimnis bleibt die Existenz der Existenz an sich. Es mag viele schlaue Leute geben, die behaupten, wir würden ja gar nicht existieren. Ich persönlich halte das für reaktionären Trotz. Natürlich kann man Hitze zur Illusion erklären, wenn man sich die Hand an der Herdplatte verbrannt hat, doch davon hört diese nicht auf zu schmerzen. Das ist ein guter Satz. Schreiben Sie sich den auf, wenn Sie das hier lesen!

Gönnen wir uns den Spaß und gehen davon aus, dass wir existieren – wie unbefriedigend wäre das auch, wenn dem nicht so wäre. Das Leben ist anstrengend und verwirrend und dann am Ende doch nur ein Traum eines kosmischen Aals? Ohne mich!

Lassen Sie uns also gemeinsam die Hand auf die Herdplatte legen, um von außen darüber nachzudenken, was das alles soll.

AUßERHALB DER KISTE

Es wird Zeit, das Universum zuverlassen, liebe Freunde, denn außerhalb davon erwartet uns ... öhm ... Bei Jesus Kreisklasse Volleyballmannschaft, keine Ahnung!

Wir befinden uns jenseits des physikalisch erfahrbaren Raumes auf einer metaphysischen ... Ebene, Dimension oder Welt will man es nicht nennen, da dies Begriffe der physikalischen Welt sind, darum werde ich an dieser Stelle den Fachausdruck *metaphysisches Dingsi* einführen.

Das *metaphysische Dingsi* beschreibt gleichzeitig alles, was außerhalb unserer erfahrbaren, gemütlichen, physikalischen Kiste liegt, und wie wenig Ahnung wir davon haben. Außerdem muss ich bei der Vorstellung, dass irgendwann in der Zukunft wohl studierte Professoren beieinander sitzen, um im ernsten Ton über das *metaphysische Dingsi* zu diskutieren, lachen. Erfinden wir noch mehr Wörter, um sie zu ärgern!

Der liebe Gott wohnt im *metaphysischen Dingsi* und hat das Universum erschaffen, weil das *Dingsda* den *Dingens* bedingt, woraus *Dingsbums* folgt ... oder meinetwegen auch *Dingenskirchen*. Dieser Satz ist korrekt und niemand kann mir das Gegenteil beweisen. Doch dieser Satz ist vor allem eines: ziemlicher Unsinn. Hurra! Wir nähern uns unserem Ziel.

Mittlerweile sind die Fragen zur Gesamtheit der Realität dermaßen grundlegendst und unbeantwortbar, dass es mir die Hirnhaut verzwurbelt. Warum existieren wir? Warum existiert das Universum? Warum sieht es so aus, wie es vorgibt auszusehen? Gibt es einen Gott? Was macht der den lieben langen Tag? Geht es ihm gut? Warum belästigen wir ihn damit, Steine herzustellen, die er selbst nicht hochheben kann?

Gut, die letzte Frage ist noch verhältnismäßig leicht zu beantworten. Ein allmächtiger Gott kann selbstverständlich diesen Stein herstellen und es gleichzeitig nicht, genauso wie er ihn anheben kann und gleichzeitig nicht. Allmacht beinhaltet in sich ebenfalls Machtlosigkeit, sonst wäre sie keine Allmacht. Oder anders: Allvermögen beinhaltet zeitgleich auch das Unvermögen. Einem Gott mit Ratio und Logik beizukommen, ist, als würde man eine Waage an einen Wetterballon binden, um die Farbe des Himmels zu messen.

Mich beschleicht grade das unbestimmte Gefühl, dass just in diesem Moment ein Klugscheißer aufgewacht ist, nur damit er mir zurufen kann, dass dies irgendwie doch möglich ist. Interessiert mich aber nicht. Hoffentlich verstehen Sie wenigstens, was ich damit ausdrücken möchte.

Es liegt nicht in meiner Macht, Gott in diesem Buch zu beweisen oder zu widerlegen. Da sind erheblich klügere Köpfe als ich bereits dran gescheitert. Was mich interessiert, ist die Konsequenz aus der hypothetischen Annahme, dass er nicht existiert. Was folgt daraus?

Viele Menschen haben Angst davor, weil das Universum dann sinnlos wäre. Sinnlosigkeit zu untersuchen, ist jedoch unser erklärtes Unterfangen. Gehen Sie also diesen finalen Schritt mit mir, treuer Leser. Wir haben es so weit geschafft. Springen wir gemeinsam in diesen letzten Abgrund.

Warum lässt uns die Sinnlosigkeit unserer Existenz erschrecken?

Ohne Gott fehlt ein Gedanke hinter der Schöpfung – ein Grund. Nicht nur würden unsere Taten mit einem Schlag bedeutungslos, unser ganzes Sein ginge mit den Bach runter. Wir wären ziellos, antriebslos, mit einem Wort vergeblich. Es gäbe kein „richtig" und „falsch" mehr, keinen Trost, dass man am Ende seiner Existenz aufgefangen wird.

Ich sehe darin unsere große Freiheit. Sinnlosigkeit macht uns unendlich frei, denn mit einem Gott sind wir an seinen göttlichen Plan – den Sinn – gekettet. Sklaven eines Hintergedankens, den wir nicht mal verstehen können. Wir können diesem entweder nachfolgen, dann sind wir gut, tun wir das aber nicht, dann sind wir böse. Erst, wenn nichts einen Sinn ergibt, haben wir die Freiheit, alles zu tun, unsere eigenen Regeln aufzustellen und jeder für sich seiner Existenz selbst Sinn zu verleihen.

Wir haben die Macht dazu! In einer Welt ohne Gott, haben wir es geschafft, einen solchen zu erfinden. Etwas, das größer ist als unser ganzes Universum, das uns Trost spendet. Das können wir auch ohne den Gottgedanken. Haben wir auch schon längst getan. Wir haben unzählige kleine Strukturen ohne Gott geschaffen, die in sich Sinn ergeben. Jedes neue Kunstwerk, das entsteht, ist eine solche. Jede Aufgabe, die uns morgens aufstehen oder liegen bleiben lässt. Jede Arbeit, die wir verrichten, so klein und unbedeutend sie auch erscheinen mag. Jede Freude, die wir erleben. All dies trägt in sich Sinn, den wir ihm beimessen. Allein schon unsere Suche nach Sinn ist Beweis dafür genug, dass wir in der Lage sind, diesen zu erzeugen. Wir müssen unsere daraus resultierende Freiheit nur annehmen. Haben wir den Mut dazu!

Im Angesicht der absoluten Sinnlosigkeit ließe sich natürlich argumentieren, dass jede Weltanschauung, die man sich ausdenkt, bedeutungslos ist, da sie, im übergeordneten metaphysischen Zusammenhang betrachtet, sinnlos bleibt. Eine weitere Stärke meiner Überlegung, wie ich finde.

Dieser Umstand zwingt uns nämlich dazu, uns einzugestehen, dass alles, was wir für uns sinnstiftend erfinden, im Großen und Ganzen falsch (nämlich erfunden, ausgedacht, aus der Luft gegriffen etc.) ist, was diese unsere Überzeugungen gleichwertig macht. Niemand hat mehr Recht, ist näher an der Wahrheit dran als ein beliebiger anderer, da wir alle falsch liegen. In der Konsequenz würde das bedeuten, dass niemand mehr jemand anderem seiner Weltanschauung wegen den Schädel mit einem Buch einschlagen müsste. Wie mein weiser Vater einst sagte: „Wenn man einen Kopf und ein Buch zusammenschlägt, muss es nicht das Buch sein, das hohl klingt." Wir haben alle Unrecht und sind damit gleich wertlos. Eine wundervolle Vorstellung.

Wir leben bereits in einer Welt mit Milliarden von Ansichten, wie unsere Existenz zu deuten sei. Selbst die, die an denselben Gott glauben, haben unterschiedlichste Ansätze dazu. Wir sind also auf dem besten Weg. Wir müssen uns nur noch eingestehen, dass nicht nur die Ansichten der anderen, sondern auch unsere eigenen genau das sind – Ansichten. Meinungen. Ideen. Es gibt keine Fakten.

Bewerten wir unsere Situation neu. Lasst uns sagen: „Alle Existenz ist sinnlos und das ist gut so, denn darum kann ich an alles glauben, was ich möchte. Das ist meine Allmacht." Werden wir positive Nihilisten!

Das Problem mit Religionen ist folglich weder ihr Inhalt, schon gar nicht ihr Trost, oder dass sie gelebt werden. Schade ist nur, dass sie vielen

Menschen vorgaukeln, sie hätten alle dieselbe Weltanschauung. Wir sind weit über 8 Milliarden. Das bedeutet, wir könnten zum jetzigen Zeitpunkt mindestens 8 Milliarden Ansichten zu diesem Thema haben. Mindestens!

Wie spannend wäre es, sie alle in einer gigantischen Buchreihe zu vereinen. Jeder steuert am Ende seines Lebens seine Überlegungen, Erfahrungen und Ideen bei. Eine ganze Bibliothek gewidmet unserer Kreativität. Ein kollektiver Ausruf: „Wir existieren. Wir sind uns dessen bewusst und denken darüber nach." Das wäre unser größter Schatz.

Religionen berauben uns dessen, daher bin ich dafür, dass wir sie hinter uns lassen. Erkennen wir ihnen den Anspruch ab, die finale Wahrheit innezuhaben, den sie sich ohnehin selbst verliehen haben, ohne das vorher abzusprechen. Wie ließe sich dies bewerkstelligen? Auf eine friedliche Weise, die einhergeht mit den hier angestellten Überlegungen zum Unsinn?

Mit einem unsinnigen Text natürlich! Unser vorderstes Ziel muss logischerweise das einzige geistliche Amt auf Erden sein, das für sich Unfehlbarkeit beansprucht: Der Papst.

Konklave 3000

Herzlich willkommen, meine sehr verehrten Damen und Herren, hier auf BibelTV, dem einzigen Sender, dessen Programm älter ist als das der ARD. Mein Name ist Favuam Speck und ich darf sie ganz herzlich begrüßen zur Konklave 3000, den 111ten Papstwahlen der katholischen Kirche!

Sehr überraschend wurden ja diese Neuwahlen angesetzt, nachdem der alte Papst – völlig unvermutet – aus dem Wettbewerb ausgeschieden ist wegen ... (atmet) ... Doping. Sie erinnern sich alle, meine Damen und Herren, vor Kurzem hatte man im Blut seiner Heiligkeit glaubenssteigernde Substanzen gefunden und ... das überlebt die Profisportlerkarriere nicht. Da musste exkommuniziert werden. Ganz klar.

Vor drei Tagen wurde dann der völlig verwahrloste Ex-Papst in einem Straßengraben in Wuppertal aufgefunden. Das war kein schöner Anblick. Das Kleidchen völlig zerrissen, die Haare total fettig, voller Leberwurst.

Aber darum soll es an diesem freudigen Tag nicht gehen. Der Petersplatz ist gut gefüllt. Die Stimmung ist ausgezeichnet. Ein wahres Megaevent. Da tut sich auch schon was auf dem Balkon. Die Vorhänge werden geöffnet. Die Spannung steigt, verehrte Zuschauer. Lange haben Experten, Astrologen und Traumdeuter gerätselt, wer der neue Papst wird.

Zunächst werden die zweit- und drittplatzierten Kardinäle heraustreten, um dann gemeinsam das neue Kirchenoberhaupt zu präsentieren. Und ... jetzt geht es auch schon los. Als Erstes tritt Kardinal Ming hervor, dicht gefolgt von Kardinal Sabine, anscheinend teilen sie sich die Bronzemedaille, und Silber geht an ... Kardinal Schlomo von der Gruppe der semitischen Katholiken. So eine Überraschung, das waren doch eigentlich die drei Hauptfavoriten, meine Damen und Herren.

Auch das Publikum hier vor Ort zeigt sich verwirrt. Wer wird der neue Papst? Grade passiert überhaupt nichts. Offensichtlich versucht man die Spannung zu steigern. Die Verwirrung im Publikum steigt nun ins Unermessliche. Einige beginnen bereits, sich vor Verwirrung selbst zu verletzen ... ach, nein, das sind nur die Jesuiten. Entschuldigung. Sie haben eine Kasteikaskade zu diesem freudigen Anlass errichtet. Ein schönes Bild.

Oh, ich sehe grade, die drei Kardinäle kreisen jetzt auf dem Balkon konzentrisch umeinander, meine Damen und Herren. Was geschieht hier? Die Geistlichen fangen an, zu vibrieren und einen lauten Brummton auszusondern. Ein heller Schein erfüllt den Petersplatz und ... ja! Die Kardinäle sind zu einem Super-Papst verschmolzen! Damit hätte niemand rechnen können, verehrte Zuschauer. Die Leute sind außer sich! Jetzt werden die Fahnen gehisst und ja! Habemus papaya! Der neue Papst heißt: Papst Scribilita I.

Es ist überwältigend, meine Damen und Herren. Da wird auch bereits das erste Baby heraufgereicht. Der neue heilige Vater empfängt das Kind, führt es an die Lippen und ja ... man kann es genau erkennen ... der neue Papst verbeißt sich in der Halsschlagader des Säuglings! Hier werden ganz alte Traditionen wiederbelebt. Ein Kinderopfer. Das hat es in der neokatholischen Kirche seit über 2.000 Jahren nicht mehr gegeben. Nun wirbelt seine Heiligkeit das Kind über dem Kopf. Blut spritzt auf die ersten Reihen, um diese zu segnen. Er lässt es los und ... 731 Meter! Eine ausgezeichnete Weite. Ich persönlich fühle mich sehr gesegnet, wenn ich das an dieser Stelle kurz anmerken darf.

Auf einen Wink des Heiligen Vaters werden nun 1.000 weiße Tauben frei gelassen. Sie steigen hoch empor ... da öffnet sich auch schon die Kuppel des Petersdoms und eine Art ... ich kann es nicht genau erkennen ... doch eine Art Laserkanone fährt heraus und grillt 334 der Tauben noch im Flug. Sie fallen in die geöffneten Münder der Zuschauer. Lassen Sie mich einmal kurz nachschlagen, meine Damen und Herren ... Ja, ich hatte richtig vermutet. Das bedeutet: Der Herbst dauert dieses Jahr drei Wochen länger. Ein unglaubliches Schauspiel!

Währenddessen beginnt Papst Scribilita I., wild zu zucken. Er präsentiert uns seine Ärmel. Sie sind leer. Eine Assistentin tritt hinzu und kreist mit einem Zauberstab über dem Haupt seiner Heiligkeit. Dieser greift unter sein Gewand und präsentiert ... ein Ei! Der neue Papst hat ein Ei gelegt!

Das war beeindruckend! Wir schauen auf die Punkterichter ... eine 9,5 – eine 9,8 – eine 10,0 und eine 9,9. Das sind Bestnoten! Damit ist es offiziell ein Wunder! Bereits in den ersten 5 Minuten seiner Amtszeit hat der neue Papst ein Wunder vollbracht. Das ist ganze 10 Minuten schneller als sein Vorgänger.

Papst Scribilita I. empfängt die begeisterten Jubelstürme des Publikums. Seine Arme schlackern freudig umher ... Hupps! Da ist gerade ein kleiner Fauxpas passiert. Kurz rutschte unter dem Gewand seiner Heiligkeit ein Tentakel hervor. Ich denke, das kann man übersehen. Doch ja, das kann man getrost übersehen. Das schmälert die immense Freude und die Tragweite dieses Augenblickes nicht.

Nun wird der traditionelle Segen Urbi et Orbi gesprochen ... weiterhin segnet der neue Heilige Vater eine Ananas ... ein kaputtes Autoradio ... die Skifahrer – Ha! Ein Klassiker ... und ... Oh nein! Meinen Damen und Herren, verehrte Zuschauer! Es sieht ganz danach aus, als würde Papst Scribilita I. jetzt versuchen, den lieben

Gott selbst zu segnen! Das hat es so noch nicht gegeben! Etwas unorthodox, wenn Sie mich fragen. Eine gefährliche Prozedur. Wir werden sehen, ob er damit durchkommt! ...

Ohhh, das sieht nicht gut aus. Die Segnung scheint sich immer weiter hinzuziehen. Ich hoffe inständig, dass ...

OUHHH! ... Tja, meine sehr verehrten Damen und Herren. Sie haben es mit eigenen Augen gesehen, Papst Scribilita I. ist in Minute 8 seiner Amtszeit bei dem Versuch, den lieben Gott zu segnen, explodiert ... auch das ein neuer Rekord ... wenn auch ein trauriger.

Darüber wird zu reden sein. Ich für meinen Teil darf mich für heute von Ihnen verabschieden. Meine Name ist Favuam Speck und ich gebe zurück ins Funkhaus.

Lassen Sie uns den vielen Religionen ein einzelnes umfassendes Glaubenssystem des Unsinns entgegenstellen, welches die individuellen Überzeugungen und Eigenarten eines jeden Menschen zulässt, was es zur Religion im eigentlichen Sinne macht.

Umarmen wir nicht nur all unsere Mitmenschen als gleichwertige Andersdenkende.

Umarmen wir auch Tiere, Pflanzen, Steine, einen Berg Wackelpudding, Kartoffelsalat – als nicht denkende Mitexistierende.

Umarmen wir Dadaismus, Surrealismus, Kunst im Allgemeinen, Moral, Ethik, Philosophie, Physik, Mathematik, all unsere Ideen als existierenden Teil der Realität in unserem Verstand.

Umarmen wir die Erde, den Mond, die Sonne (aber nur sehr, sehr kurz), umarmen wir das ganze verdammte Universum und alles, was darin ist.

Umarmen wir den Unsinn. Er ist unser Freund. Er befreit uns. Und er kann so viel mehr, als wir ihm zutrauen. Er bringt uns zum Lachen, zum Weinen, er verwirrt uns und er erleuchtet uns.

GRUPPENUMARMUNG!

Am Ende des Buches wird es Zeit, den ersten Schritt zu tun, den sinnvollen Weltanschauungen mit einer unsinnigen beizukommen. Der finale Text dieser Sammlung soll genau dies erreichen, dabei fasst er einige Gedanken, die ich bis hier beschrieben habe, ganz unterhaltsam zusammen, doch entscheiden Sie selbst ...

Der Pfad zur Erleuchtung

Begrüßung!

Mein Name ist Jan Phlippphlopp Zymny. Ich bin Schamane von Beruf, doch Bankkaufmann aus Leidenschaft. Im August werde ich sechzehn Jahre alt und in meiner Freizeit züchte, sammle und frisiere ich Hühner.

Der Erzengel Kaliumpermanganat hat mir ein Wort der Weisheit für euch mitgegeben, denn ... der Pfad der Erleuchtung ist ... gepflastert mit ... ähm ... den Pflastersteinen der ... öhm ... beginnen wir die Lektion.

Als einer der meisten Schamanen unserer Epoche werde ich häufig gefragt, wie wir mit den Problemen umgehen können, die uns in diesem Abschnitt der Raumzeit, den wir bewohnen, direkt betreffen, und ich denke, dass nicht nur die Geschichte der Menschheit, sondern alle Geschichten wie Harry Potter oder die Bibel zum Beispiel gezeigt haben, dass der beste Weg mit Problemen umzugehen, Lösungen sind.

Ich möchte daher heute einige Lösungsansätze präsentieren, denn für uns als Spezies von Gehirnen in Glastanks, denen mit Hilfe von Computern eine Realität vorgegaukelt wird, ist es wichtig, dass wir nicht nur über den Tellerrand hinauszuschauen, sondern auch aus dem Küchenschrank heraus, bis in den Flur hinein, wo viele von uns erkennen, dass sie seit 30 Jahren mit einem übergewichtigen Alkoholiker namens Manfred verheiratet sind. Diese Leute fragen sich da völlig zu recht: Warum?

Warum existieren wir?

Nun, 10.000 Jahre gibt es jetzt den modernen Menschen und zwei Dinge haben wir in der Zeit nicht herausgefunden:

- Was der Sinn des Lebens ist und
- Wie wir aneinander vorbeikommen, wenn wir exakt aufeinander zulaufen.

Wir wissen nicht, woher wir kommen, wir wissen nicht, wohin wir gehen, und auch der Weg dazwischen scheint problematisch zu sein. Von außen müssen wir aussehen wie ein Planet voll Betrunkener, die ziellos umeinander torkeln. Das dürfte auch der Grund sein, warum die Außerirdischen nicht mit uns reden. Ganz ehrlich, würdet ihr einen betrunkenen, nackten Affen auf der

Straße ansprechen, der Zugang zu Atomwaffen hat? Ich glaube nein.

In der grenzlosen Verzweiflung über die Unbeantwortbarkeit dieser großen Frage verwechseln viele einen Lebenssinn mit einem Beruf.

Doch da seid gewarnt! Ein Beruf ersetzt nicht den Lebenssinn! Auch wenn die Verlockungen zahlreich sind. Sicher! Es gibt viele schöne Berufe, mit denen sie uns verführen wollen. Und dann erzählen sie einem, man könnte ALLES werden, was man will. ALLES! Bundeskanzler oder Holzgießer oder Gewürzschmied oder Atom … ähhh … mann.

Lüge, Lüge, Dreifachlüge. Niemand von uns kann alles werden. Die meisten von uns sind schon damit überfordert, sie selbst zu sein, und trotzdem kriegen wir bereits im Kindergarten diesen Unsinn zu hören.

„Kinder, ihr könnt alles werden, was ihr wollt. Jennifer, was möchtest du werden?"

„Astronautin."

„Kannst du werden. Murat, was möchtest du werden?"

„Architekt."

„Kannst du wer… ist unwahrscheinlich, Murat. Es gibt keine Chancengleichheit in Deutschland, du kannst es versuch… hm, na ja … du bist Murat, du bleibst Murat. Das … ähm … ist doch auch schon was. Oh, schau dort! Da werden noch Rapper gesucht. – Kevin, was möchtest du werden?"

„Ein Bagger!" … Klassischer Kevin an der Stelle.

Und dann alle anderen so: „Jaaa! Ich will auch Bagger werden!"

Doch die Realität sieht anders aus: Wir können nicht alle Bagger werden. Wir leben in einer Zeit, in der wir exakt die Anzahl von Baggern haben, die wir brauchen. Sie sind nur ungerecht verteilt! All die schönen Wüsten, wo man toll rumbaggern könnte, sind in den Dritte-Welt-Ländern, die meisten Bagger allerdings sind in den Industrienationen. Ich würde vielleicht sogar doch soweit gehen zu sagen, dass wir hier mehr Bagger haben, als wir unbedingt brauchen! Wir leben im Baggerüberfluss! So viel gibt es hier real gar nicht zu baggern, wie wir Bagger haben, um das theoretisch zu baggern. Aus blanker Verzweiflung heraus beginnen einige Männer bereits damit, an Frauen herumzubaggern! Das ist doch eindeutig ein Holzweg!

Stimmt! Jetzt erinnere ich mich. So war es: Der Weg zur Erleuchtung ist ein Holzweg.

Auf diesem wandle ich. Wandelt mit mir, denn ihr könnt vielleicht nicht alles sein, doch ihr könnt euch erleuchten, wie es euch beliebt. Seid frei. Denkt euch was aus.

Zum Abschluss hat mir der Erzengel Kaliumpermanganat ein spirituelles Rätsel für euch mit gegeben. Er fragt: „Wenn zwei Sumoringer gleichstark sind, machen sie dann nicht nur eine sehr lange Umarmung in Windeln?"

Bitte schön.

UND JETZT?
Ein Nachwort

Sie haben doch nicht ernstlich geglaubt, liebe Freunde, dass ich Sie ohne eine ordentliche Schlussbemerkung davonkommen lasse? Nein. Wie auch? Sie haben ja gewusst, dass hier noch ein paar Seiten kommen.

Ich hoffe, Ihnen hat gefallen, wie dieses Buch von einer Eigenschaft des Menschen (Sprache) über ihn selbst, die Menschheit, die Welt an sich bis zum „Darüberhinaus" thematisch immer größer wurde, und dass ich, obwohl ich eingangs klar erwähnt habe, dass es um Heu gehen wird, doch die ganze Zeit so getan habe, als suchten wir nach der Nadel – das fand ich einfach witziger. Bevor ich mich jetzt wieder in dieser elenden Metapher verliere, lassen Sie mich abschließend ein paar Worte verlieren.

In dieser neuerlichen Textsammlung war es mir nicht nur wichtig, eine Lanze für den Unsinn zu brechen, sondern auch die einzelnen Werke in einen Bezug zueinander und zum großen Ganzen zusetzen. Ich persönlich finde das angenehmer, als schlicht Text hinter Text zu reihen.

Dadurch sind es vielleicht etwas weniger als üblich und auch die Dramaturgie der Reihenfolge ist womöglich nicht optimal, aber hier ergeben sie sich schlüssig aus dem Gedankengang, der über das Buch vorgenommen wird, oder eben auch unschlüssig, wenn dies angebracht ist.

Hin und wieder werde ich tatsächlich gefragt, warum ich so absurd schreibe, so einen Unsinn erzähle. Das ist eine meiner Lieblingsfragen und sie zeugt von Interesse an dem, was ich tue. Da fühle ich mich dann immer sehr geschmeichelt.

Wir hatten jetzt über 3.000 Jahre Literatur, die Sinn ergibt und gewissen Regeln folgt. Warum jetzt nicht 3.000 Jahre Literatur, die keinen Sinn ergibt und die durch Kunstfertigkeit durch Umgang mit der Sprache und der schriftlichen Komposition an sich zustande kommt?

Ich bin kein Freund des Realismus. Warum soll ich mir ein Bild von einem Baum ansehen, wenn ich in den Wald gehen kann, um einen zu berühren? Verstehen Sie mich nicht falsch, ich kann die Kunstfertigkeit eines solchen Bildes erkennen und wertschätzen, doch das Thema und das Motiv langweilen mich zu Tode.

Wieso beschränken sich Maler und Schriftsteller immer wieder auf das, was realistisch ist, wenn es ganze Welten mit unrealistischen – ja unmöglichen – Ideen gibt! Und dann heulen sie rum: „Mir fällt nichts ein! Alles ist schon dagewesen! Es gibt nichts Neues unter der Sonne!"

Laaangweilig! Dann mach dich doch auf zu neuen Sternen!

Es gab im Laufe der Zeit hin und wieder Bemühungen, in diese Welten vorzustoßen. Die letzten sind Fantasy und Science-Fiction, doch auch sie haben sich in ewig wiederkehrenden Motiven festgefahren.

Warum lesen wir so gerne von Sachen, die uns vertraut sind, anstatt vom Unvertrauten? Verarmt nicht unsere Erzählkunst, wenn wir Realismus über Fantasie stellen?

Warum muss „echte" Literatur in Deutschland immer schwermütig und betrüblich sein? Warum ist Frohsinn oder, Gott bewahre, sogar Witz stets minderwertig?

Ich weiß es nicht. Das müsste man mal literaturwissenschaftlich und kunsthistorisch untersuchen. Vielleicht ist ja irgendwo etwas schiefgelaufen? Ich weiß nur, dass es nicht so sein muss und dass mir das ganz schön auf den Senkel geht. Darum schreibe ich dagegen an.

Ich fordere hier auch nicht, den Blödsinn zur Kunstform zu erheben. Jeder kann Blödsinn runterschreiben. Ich fordere, dass wir zwischen Unsinn und Blödsinn differenzieren, denn der Unsinn kann mit viel Bedacht und Kunstfertigkeit komponiert sein, ein Thema und Motive haben sowie in seinen Spielarten und Stilen höchst unterschiedlich sein.

Tun wir das alles nicht pauschal als Blödsinn ab.

Jetzt haben Sie schon wieder derart lange meinem Blabla gelauscht, dass Sie sich noch mal ein vergnügliches Poem verdient haben. Da nehmen Sie:

Das Wunder der Geburt

Mein Bauch ist rund
Mein Bauch ist prall
In mir da reift
Ein Basketball
Doch eines Tages – Ei der Daus!
Da plumpst der Bastard unten raus!
Es war allein mein ganzes Glück:
Er prallte ab und sprang zurück.

Mit diesem finalen Gedicht möchte ich meine Ausführungen nun wirklich beenden. Warum gerade dieses? Es versinnbildlicht, wie ich finde, sehr anschaulich unsere gemeinsame Reise. Wir haben Ideen und Thesen in uns ausgebrütet, sie auf die Welt losgelassen; sie sind an der harten Realität abgeprallt und zu uns zurückgekommen, wo wir sie erneut hegen und pflegen. Hinzukommt, dass es wirklich herrlichster Unsinn ist.

Ich weiß nicht, was Sie jetzt machen, aber ich setze mich erst mal in eine große Kiste und versuche klarzukommen.

Guten Tag.

Bei Lektora erschienen

Jan Philipp Zymny

Hin und zurück – nur bergauf!

Deutsch-sprachiger Poetry-Slam-Meister 2013

„Hin und zurück – nur bergauf" ist keine bloße Sammlung von Poetry-Slam-Texten. Mit einer Menge surrealistischem Humor und überraschenden Ideen beschreibt Jan Philipp Zymny in skurrilen Erzählungen und Gedichten eine fantasievolle Welt, in der alles irgendwie miteinander zusammenzuhängen scheint. Dabei bleiben jedoch einige Fragen offen: Woher bekomme ich einen Bademantel aus Hummelfell? In welchem Verhältnis stehen ein Haiku schreibender Orang-Utan und ein konfirmierter Gorilla zueinander? Wer ist dieser Eugen-Jonathan? Was möchte der Autor uns damit sagen? Die Antwort auf diese und andere Fragen lautet: JA!

„Selten lagen Wahnsinn, Genialität und Hummelfellmäntel so nah nebeneinander."
(Fabian Navarro)

„Ich musste es Korrektur lesen. Nie las ich Wörter in der Reihenfolge. Manches ergab Sinn. Vieles auch Unsinn. In der Summe erzeugen alle Morpheme Frohsinn. Ich tät's lesen wollen müssen, wenn ich nicht schon dürfen hätte sollen."
(Vater)

ISBN 978-3-938470-78-7
12,00 Euro

www.lektora-verlag.de/shop

WDR 2 Buchtipp!

Bei Lektora erschienen

Deutschsprachiger Poetry-Slam-Meister 2013 und 2015

Jan Philipp Zymny

Henry Frottey – Sein erster Fall: Teil 2 – Das Ende der Trilogie
Ein Roman in Schwarzweiß

Eine Mordserie hält die Bürger von Schikargo in Atem. Doch der berühmte Privatdetektiv Henry Frottey hat keine Zeit, vor dem Fernseher zu sitzen und sie zu verfolgen. Er klärt lieber Verbrechen auf. Eine neue Entität arbeitet sich an die Spitze der Unterwelt vor und ihr Weg ist gepflastert mit seltsamen Morden, die so verzwurbelt sind, dass nur Henry sie vermittels seines genialioesken Verstandes und der Macht der Prokrastination zu lösen vermag. Relativ desinteressiert stolpert er durch die Straßen, macht einer schönen Frau Avancen und Urlaub, besucht den Jahrmarkt und ist dabei trotzdem den merkwürdigen Ereignissen in seiner Stadt stets nur einen Schritt schrägonal links auf den Fersen.

„Dem Autor gehen permanent die Gäule durch, er lässt sich wegtragen von seiner scheinbar unerschöpflichen Fantasie und Kreativität, doch er kriegt die Zügel immer wieder zu packen und erzählt dabei eine große Geschichte, in der am Ende tatsächlich alle Fäden zusammenkommen."
– Thomas Koch, WDR 2 –

ISBN 978-3-95461-020-4
14,80 Euro

www.lektora-verlag.de/shop

Bei Lektora erschienen

Jan Philipp Zymny & Andy Stauß

Henry Frottey – Sein erster Fall: Teil 2 – Das Ende der Trilogie
Ein Hörspiel

Der Erfolgsroman jetzt als 12-stündiges Hörspiel!

Gesprochen von vielen Bekannten aus der Poetry-Slam-Szene: Andy Strauß, Fabian Navarro, Jan Philipp Zymny, Jule Weber, Maximilian Humpert, Patrick Salmen, Sandra Da Vina, Sascha Thamm, Sebastian 23, Sulaiman Masomi u. v. a.

Eine Mordserie hält die Bürger von Schikargo in Atem. Doch der berühmte Privatdetektiv Henry Frottey hat keine Zeit, vor dem Fernseher zu sitzen und sie zu verfolgen. Er klärt lieber Verbrechen auf. Eine neue Entität arbeitet sich an die Spitze der Unterwelt vor und ihr Weg ist gepflastert mit seltsamen Morden, die so verzwurbelt sind, dass nur Henry sie vermittels seines genialioesken Verstandes und der Macht der Prokrastination zu lösen vermag. Relativ desinteressiert stolpert er durch die Straßen, macht einer schönen Frau Avancen und Urlaub, besucht den Jahrmarkt und ist dabei trotzdem den merkwürdigen Ereignissen in seiner Stadt stets nur einen Schritt schrägonal links auf den Fersen.

ISBN 978-3-95461-042-6
14,80 Euro

www.lektora-verlag.de/shop